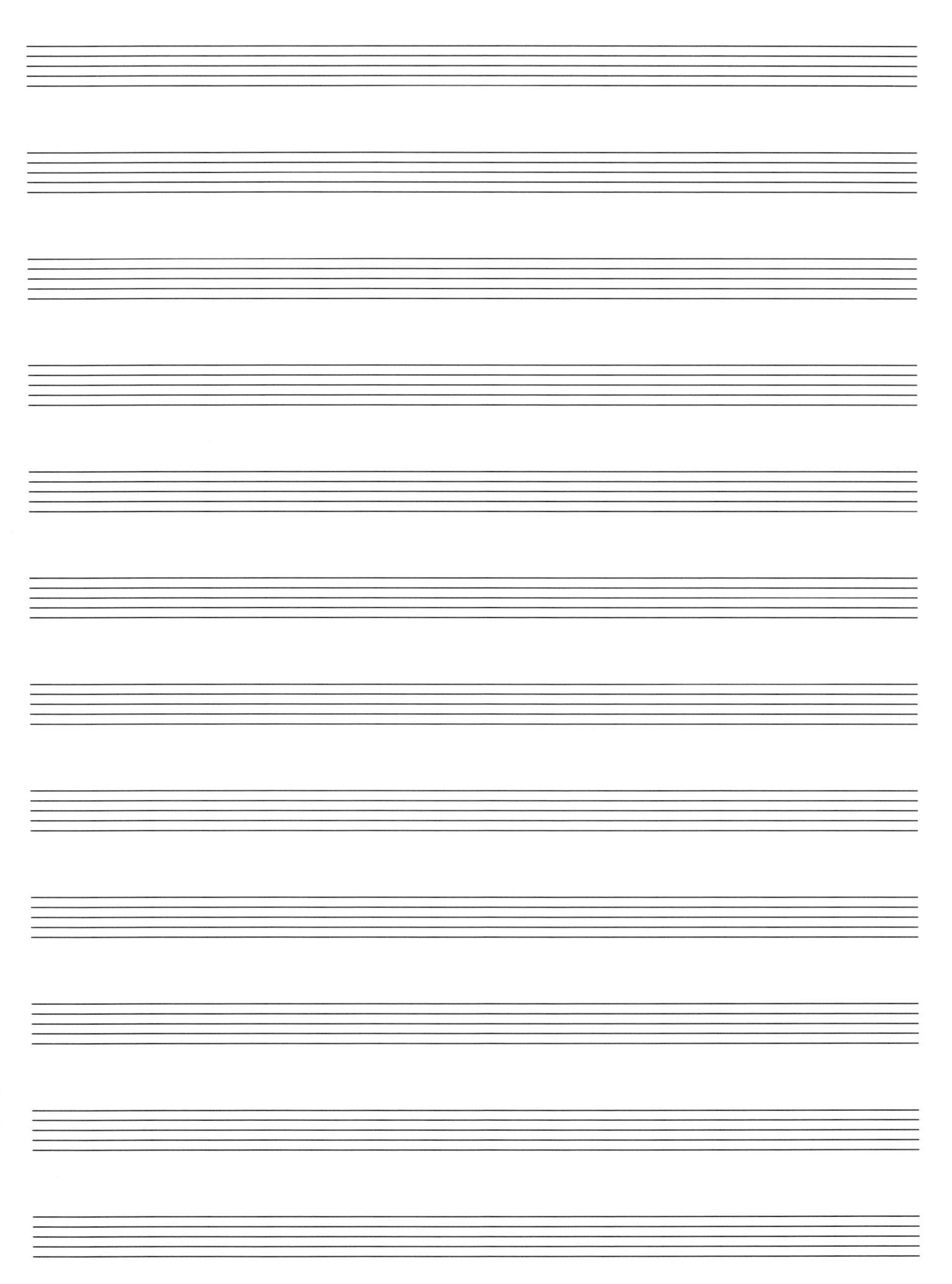

Alfred

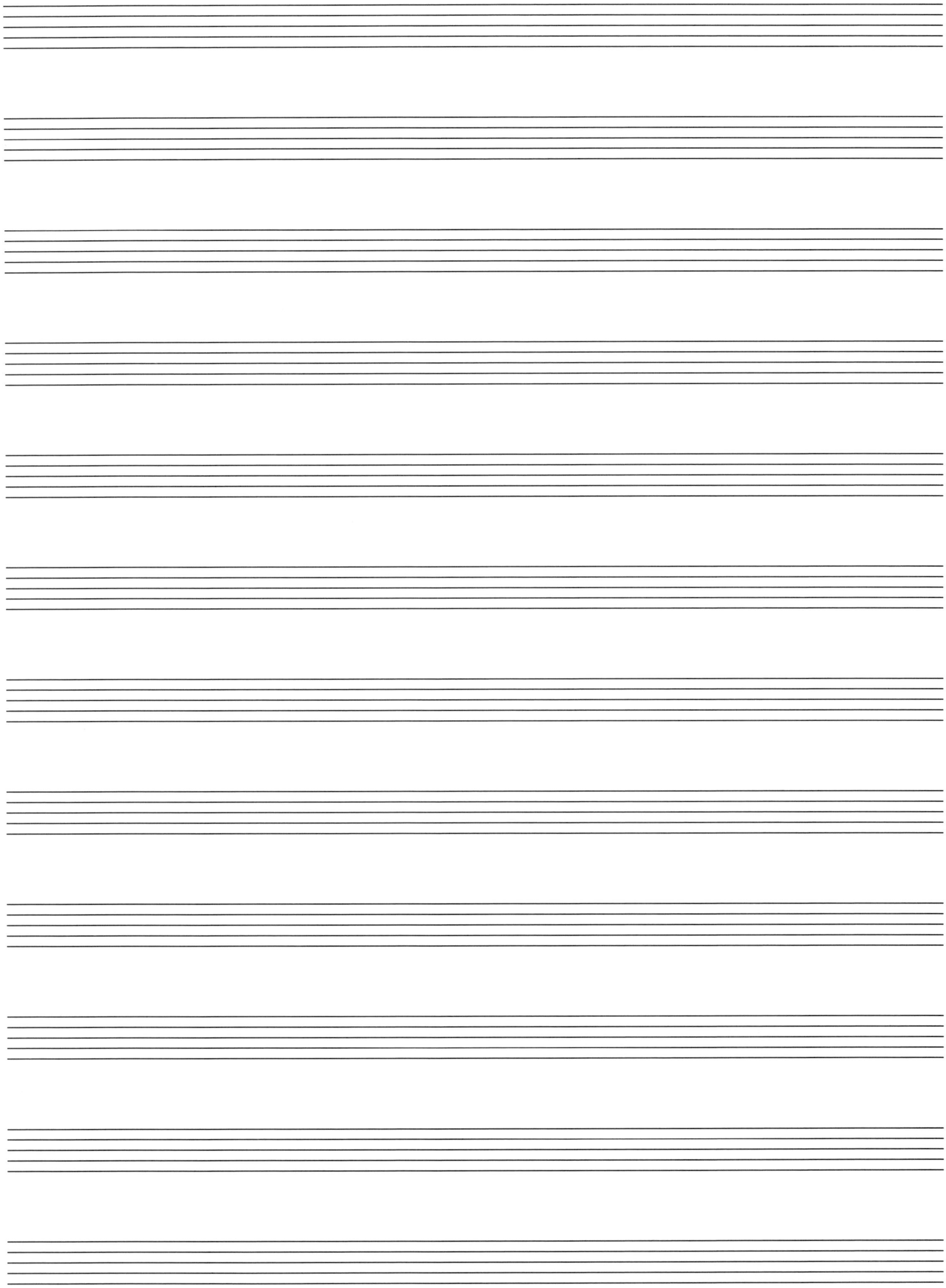

Alfred

Alfred

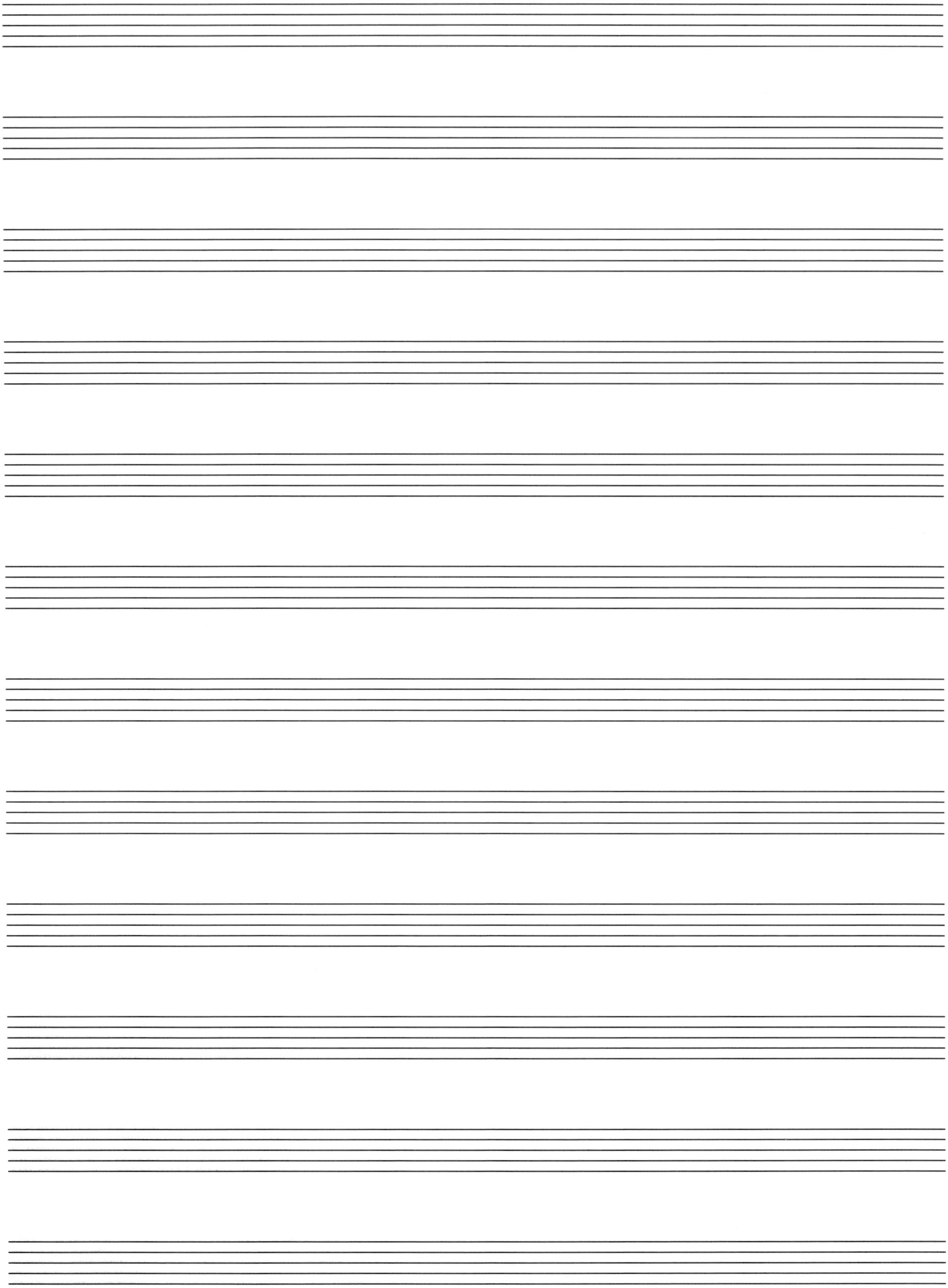

Alfred

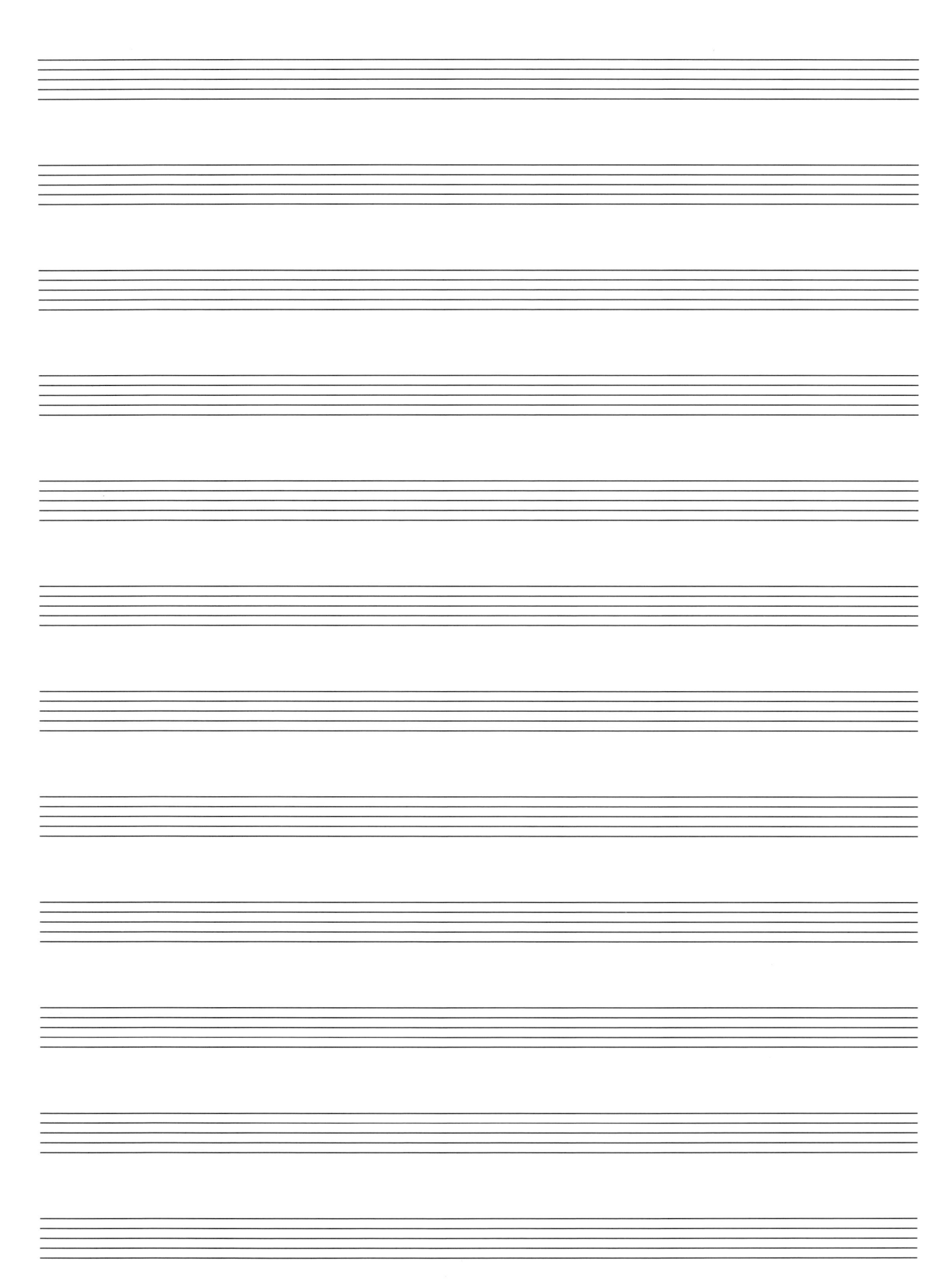

Alfred

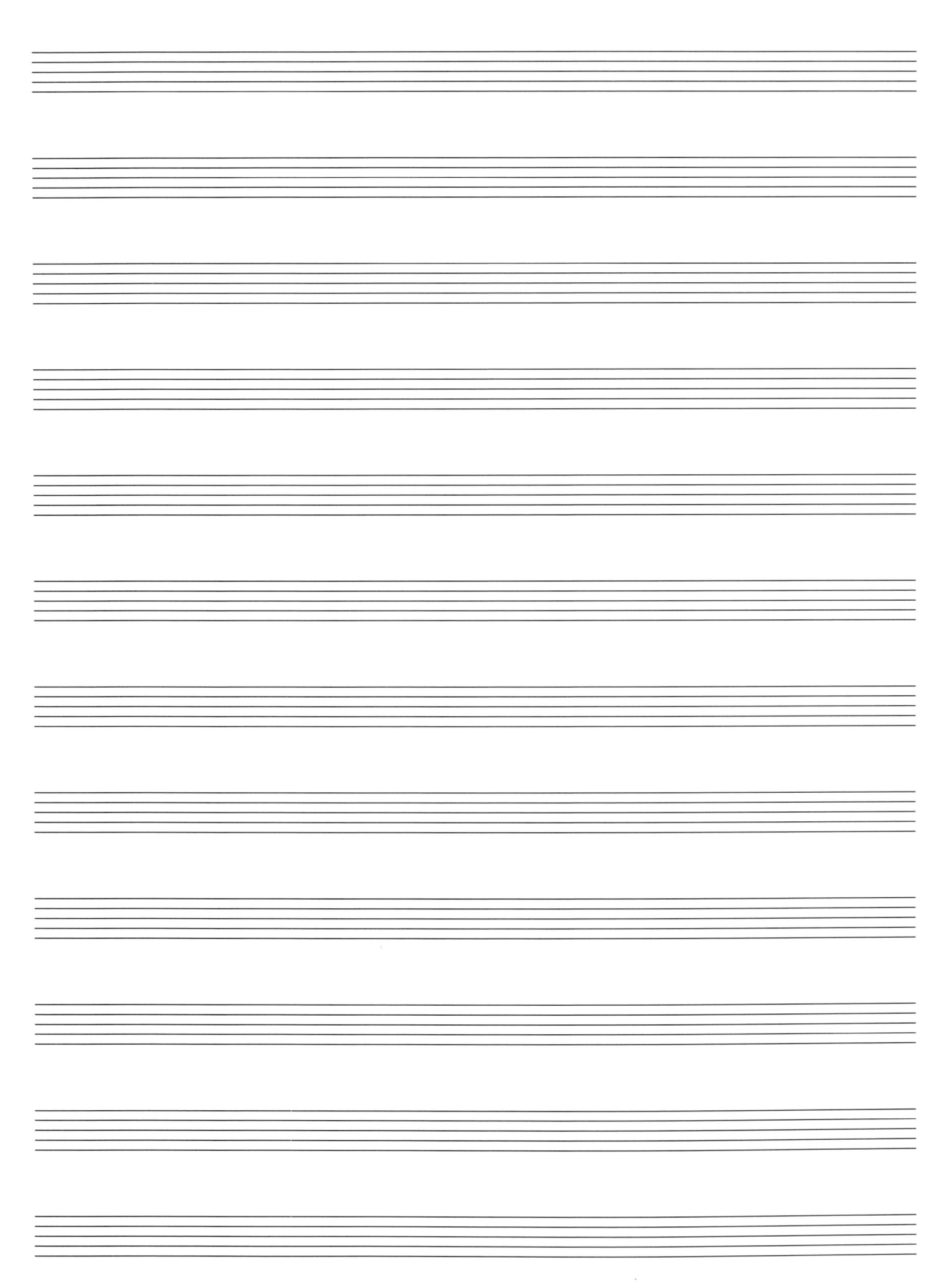

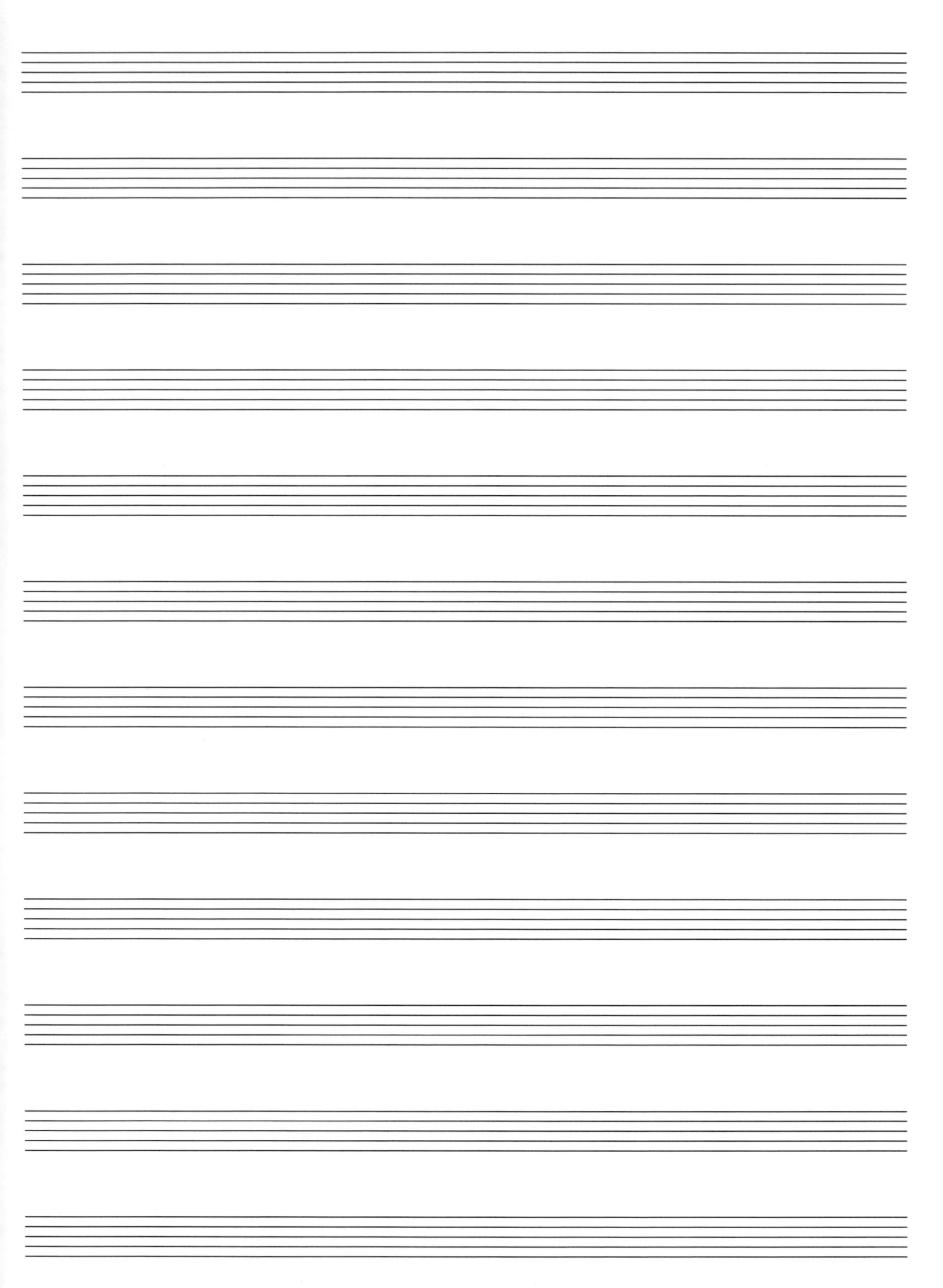

Alfred

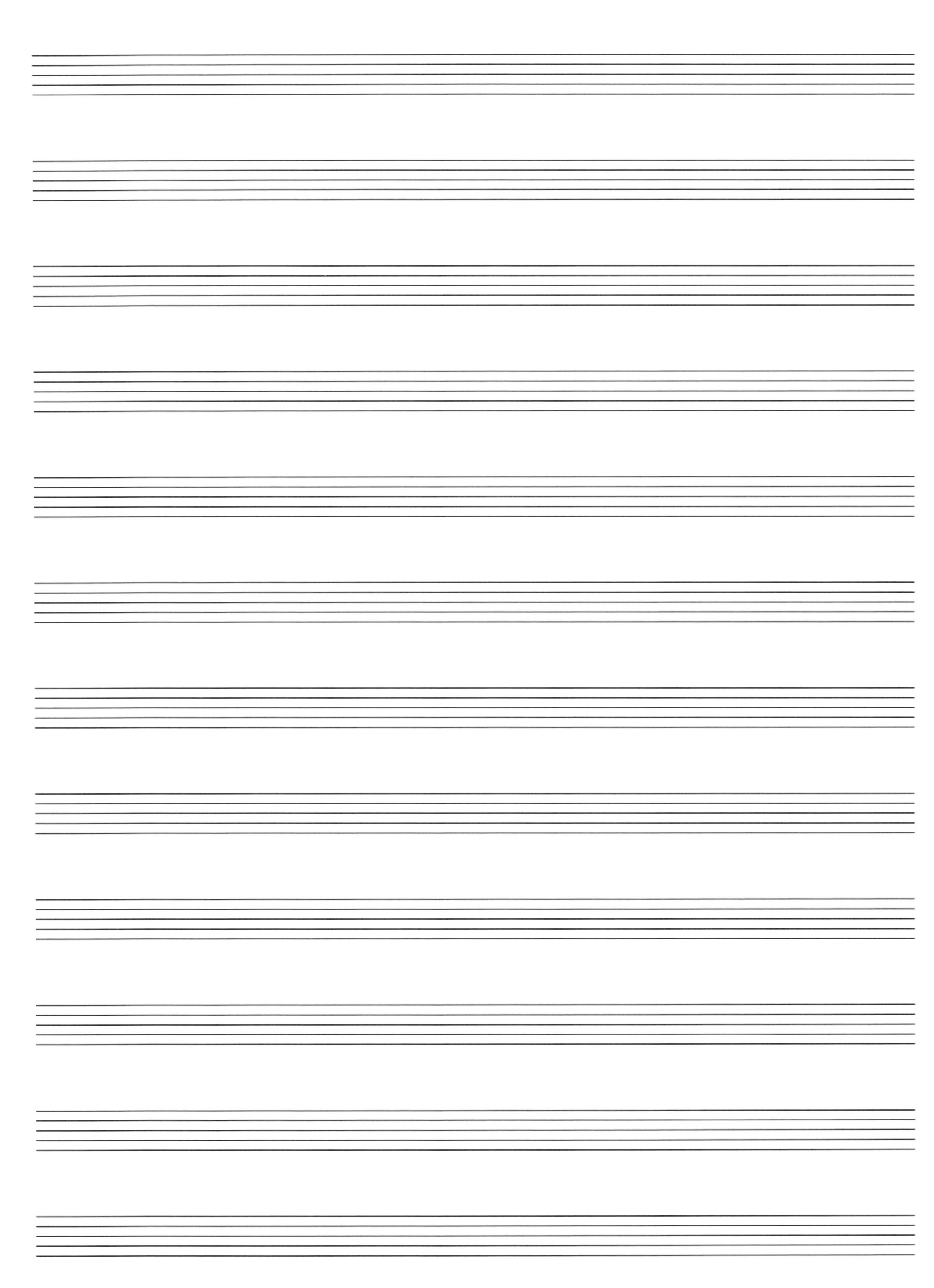

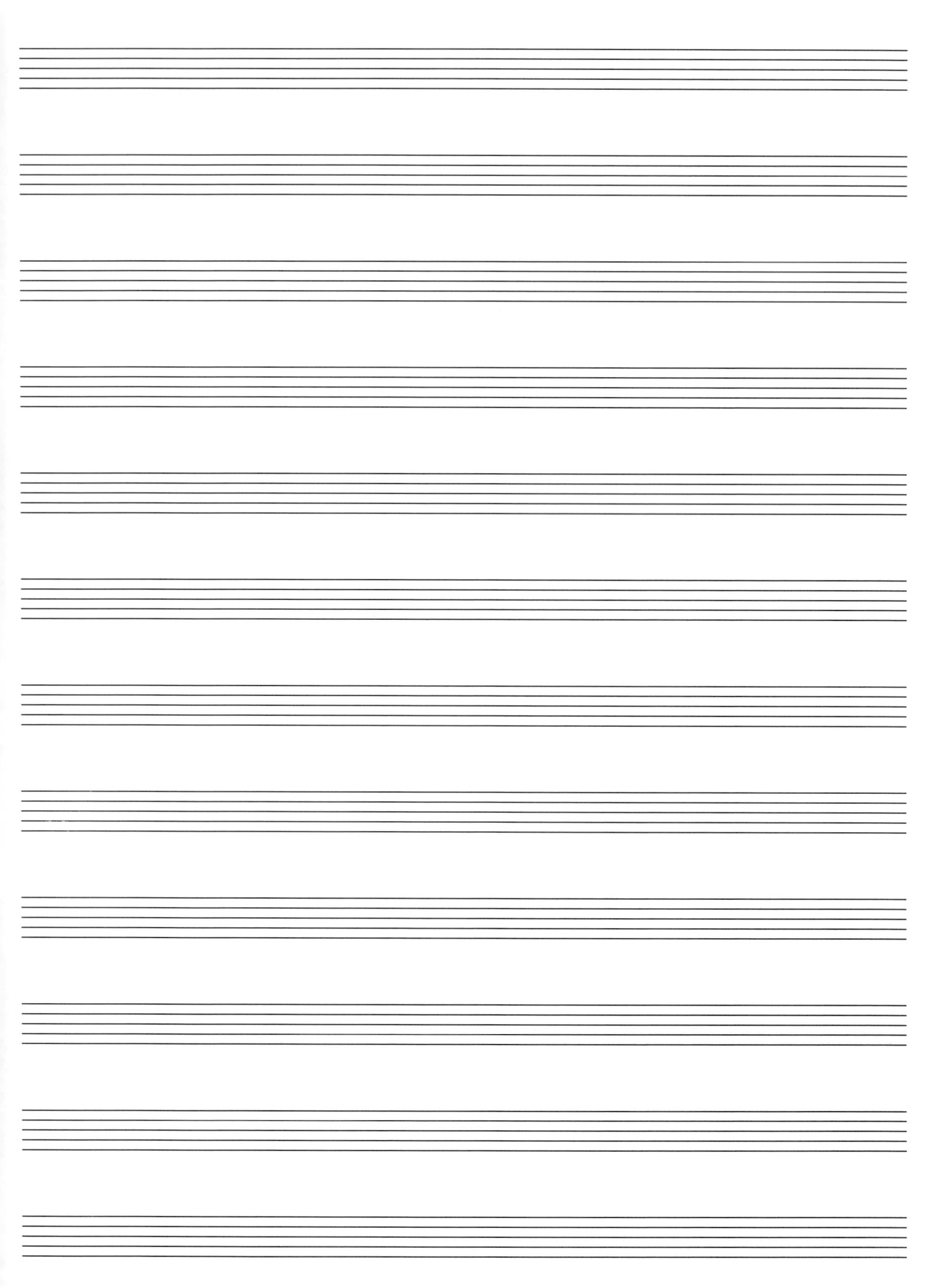

Alfred

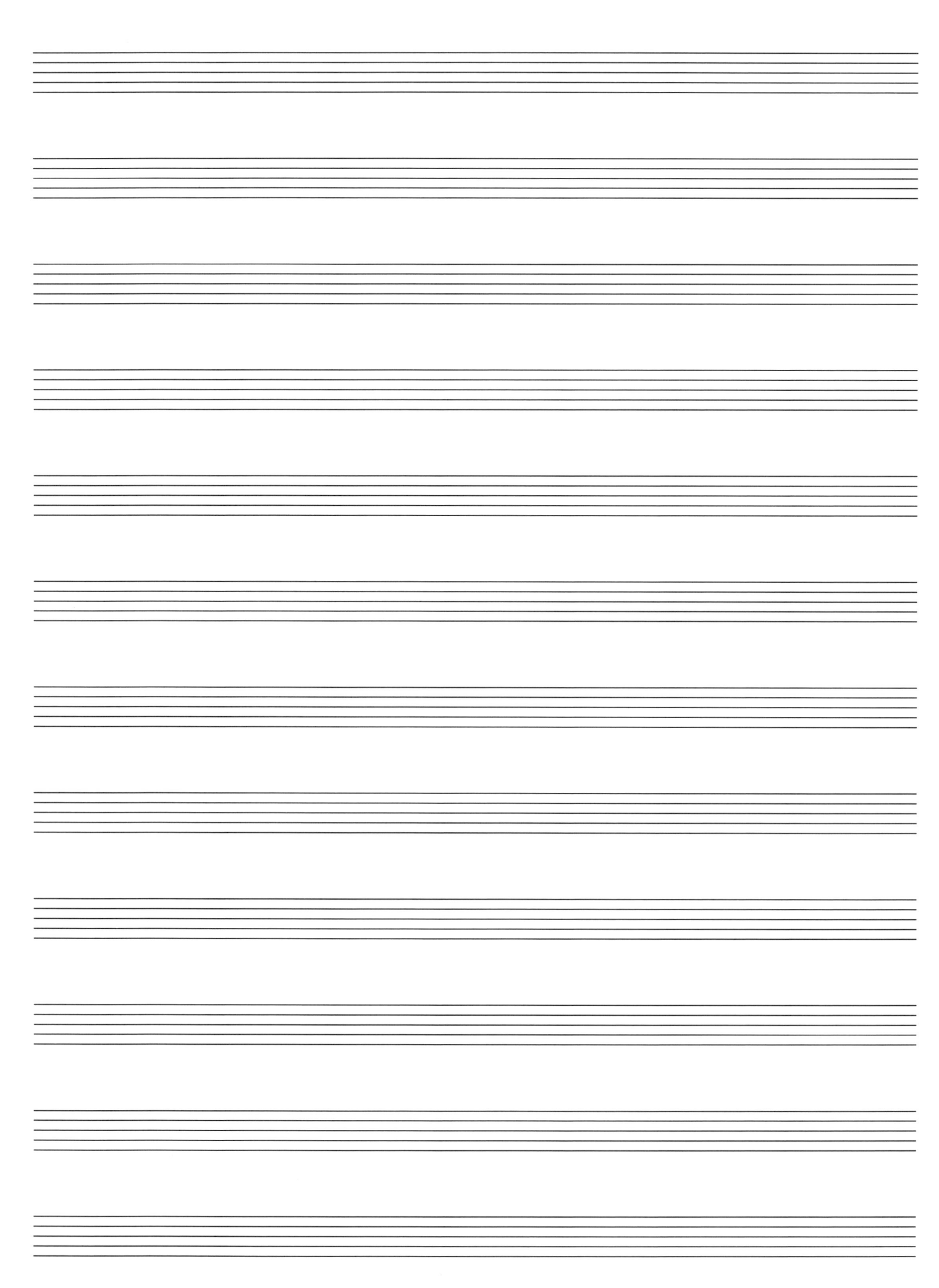

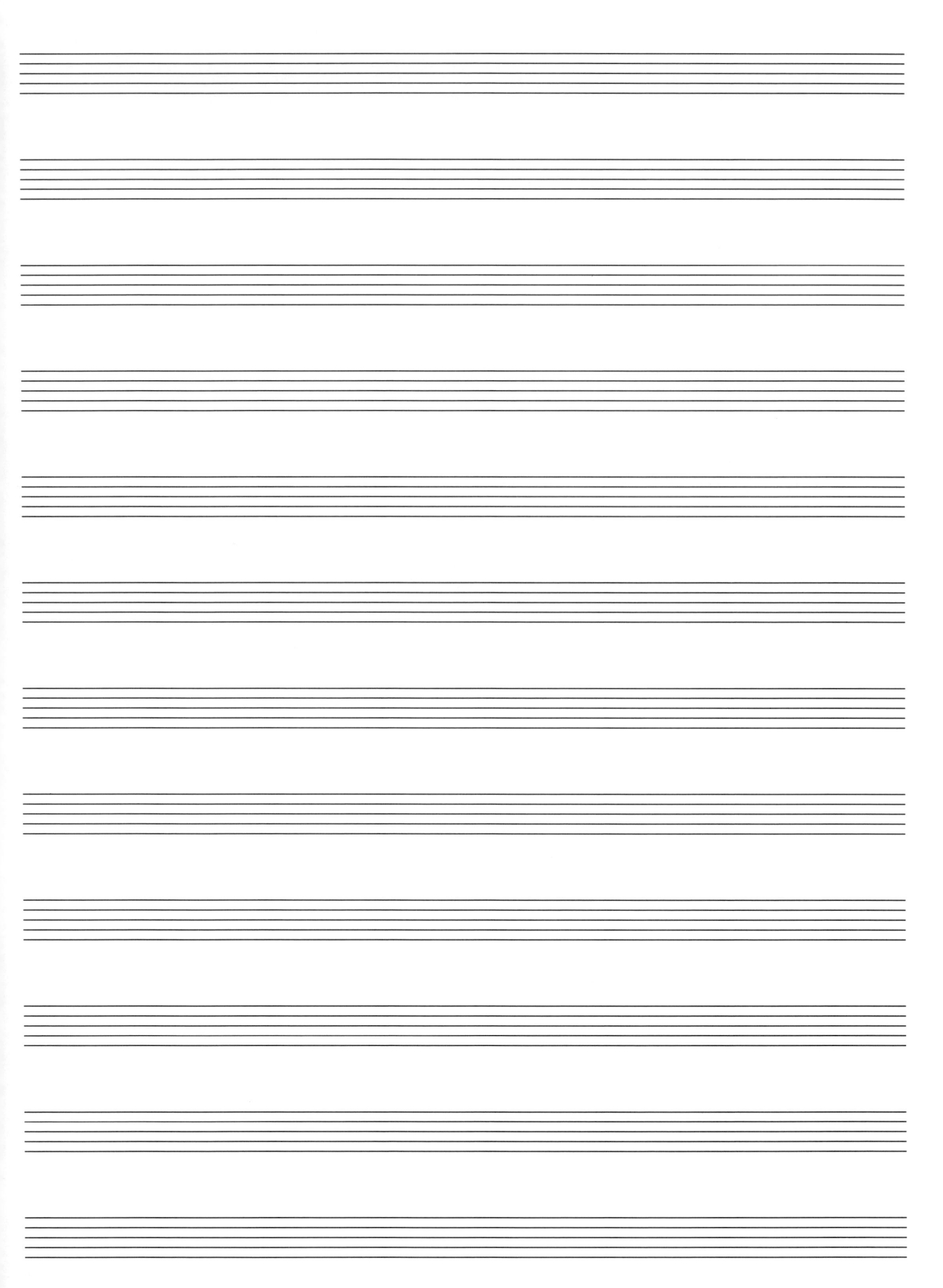

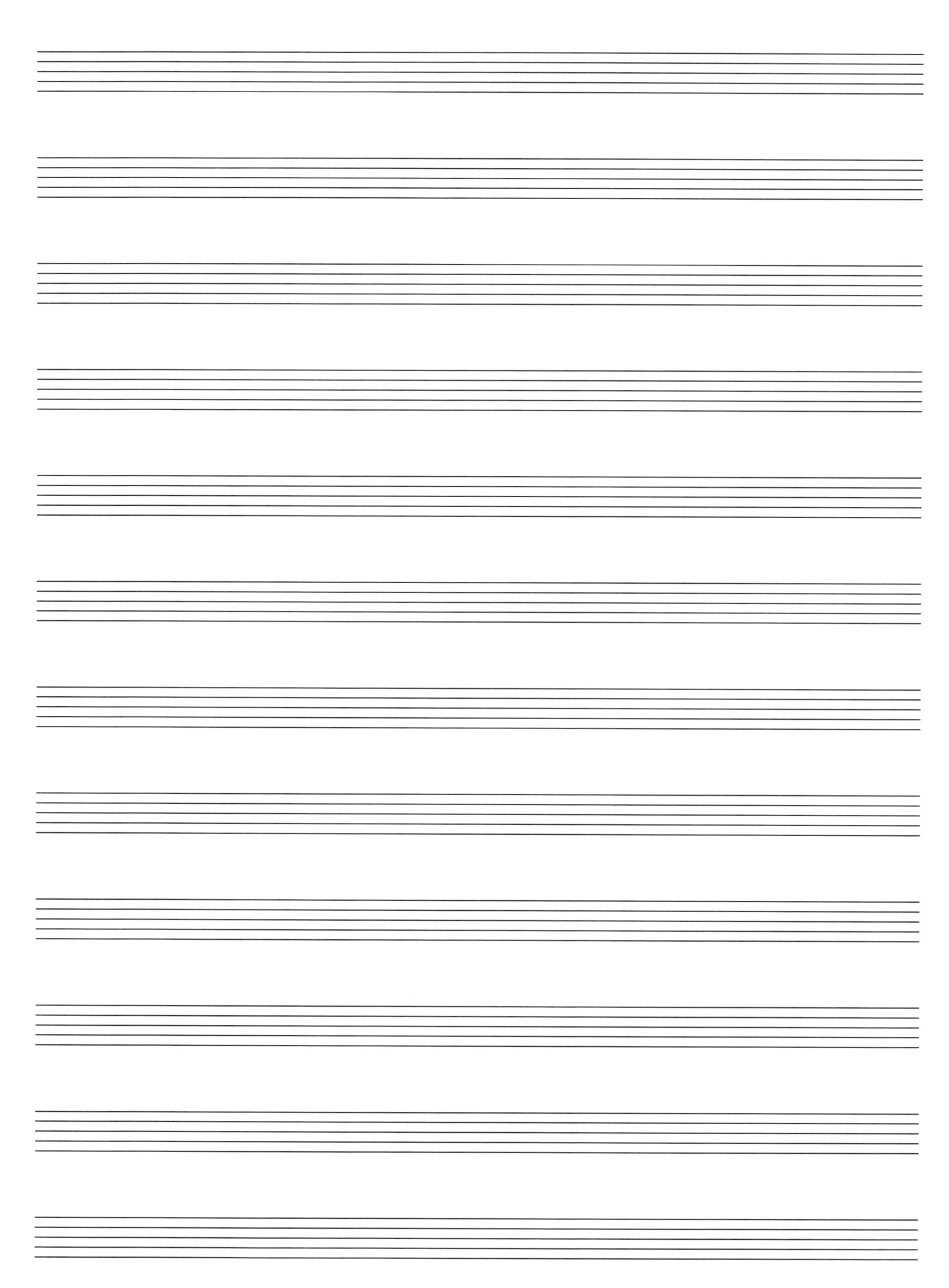

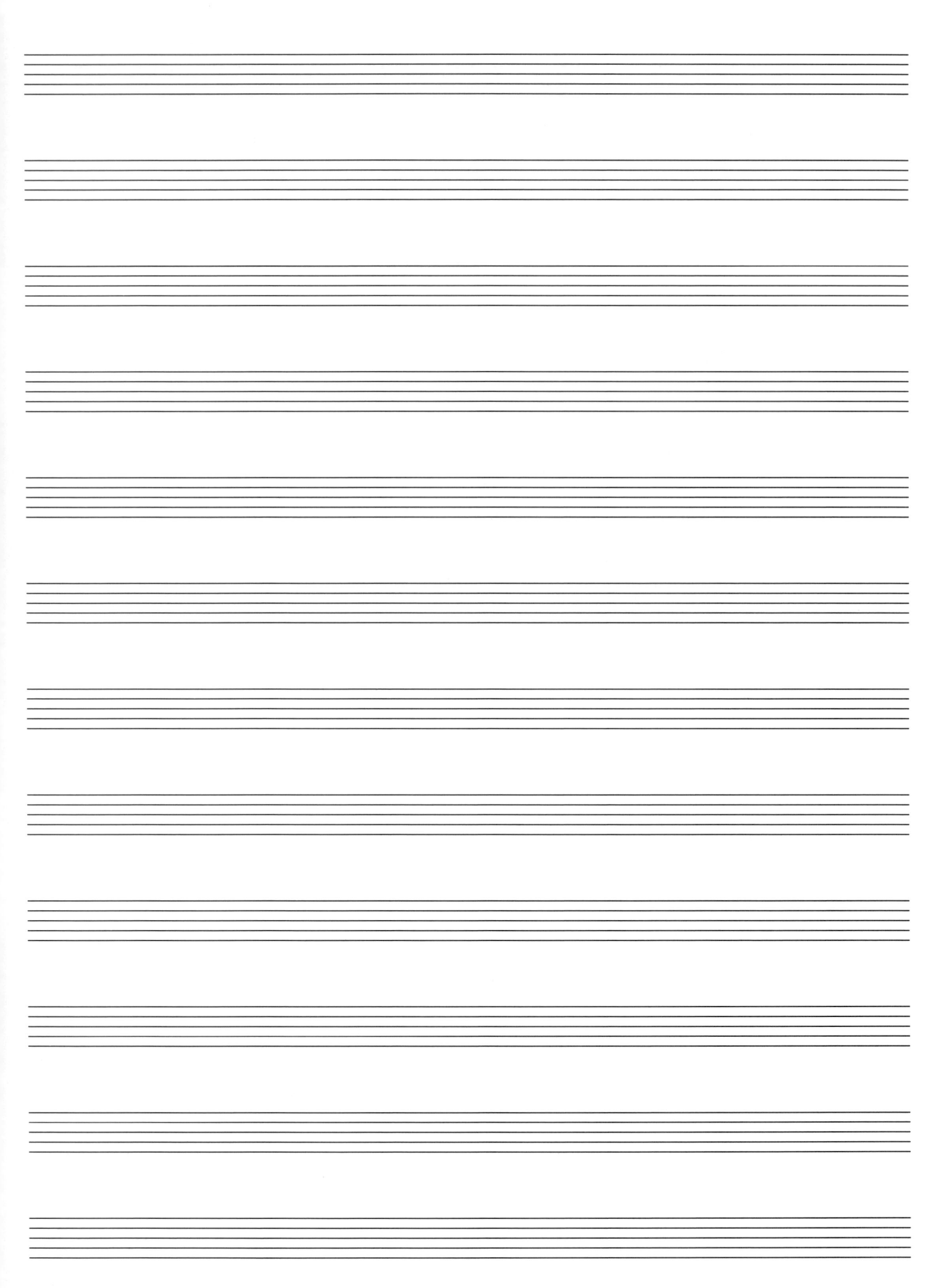

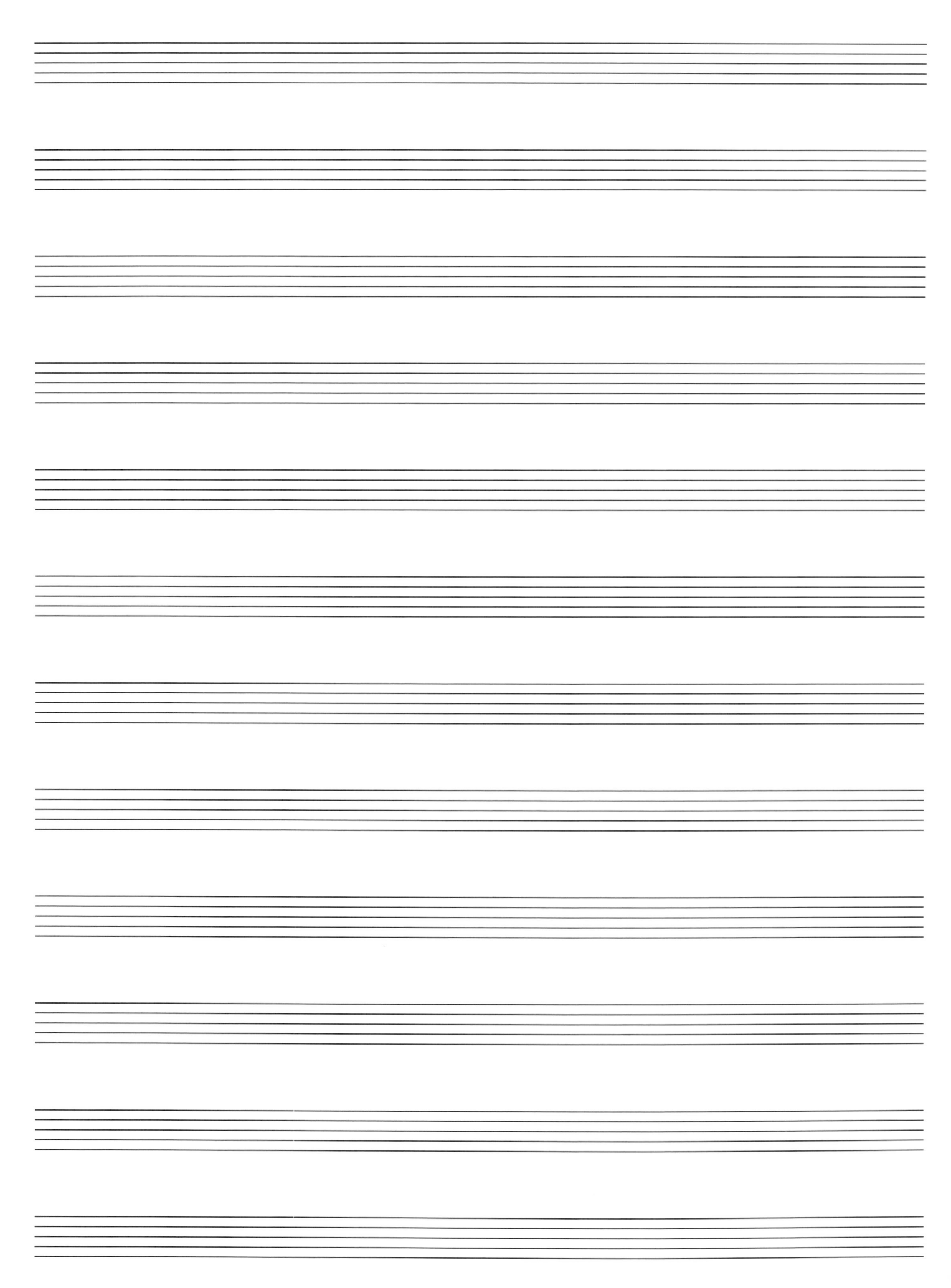

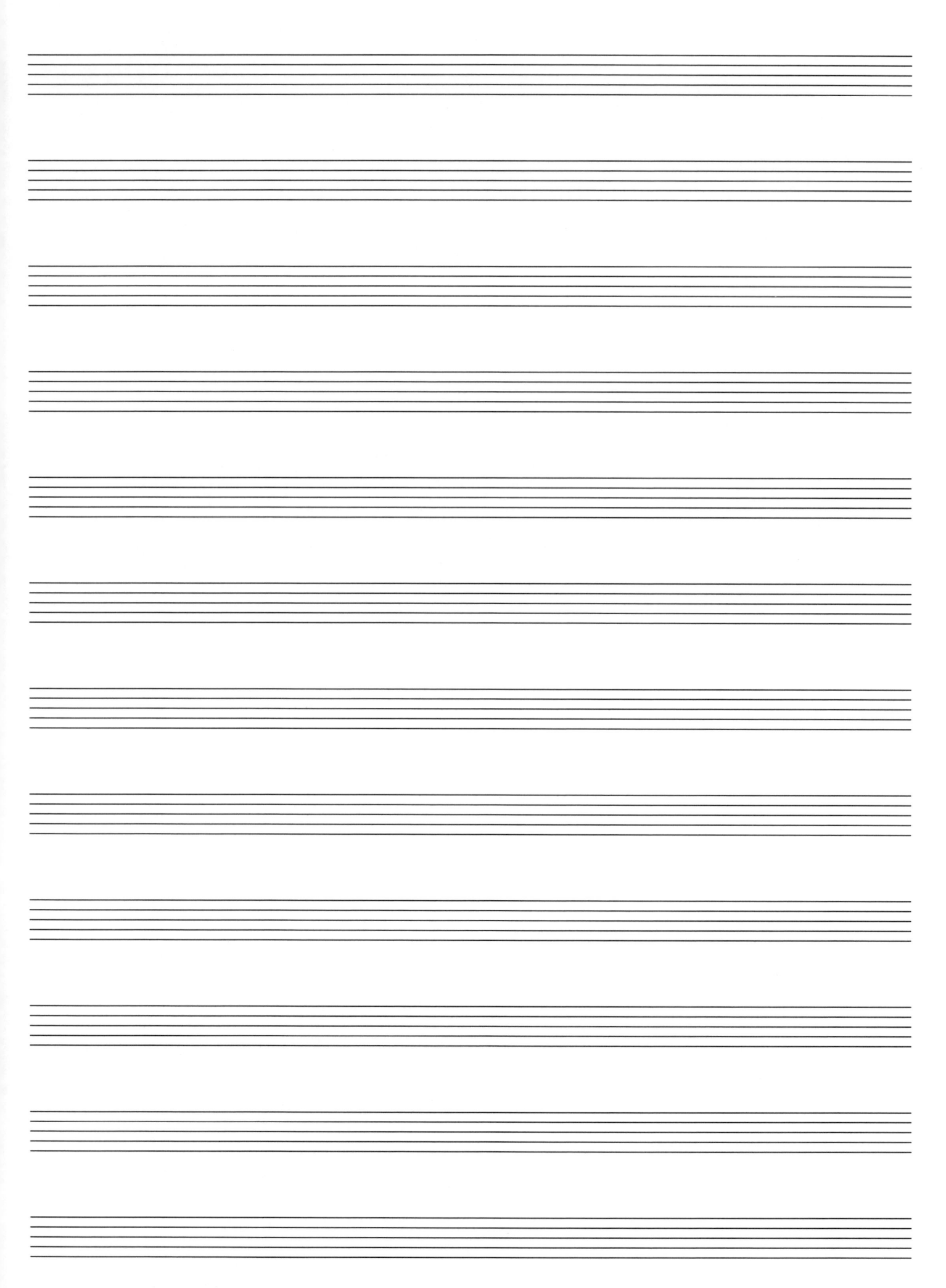

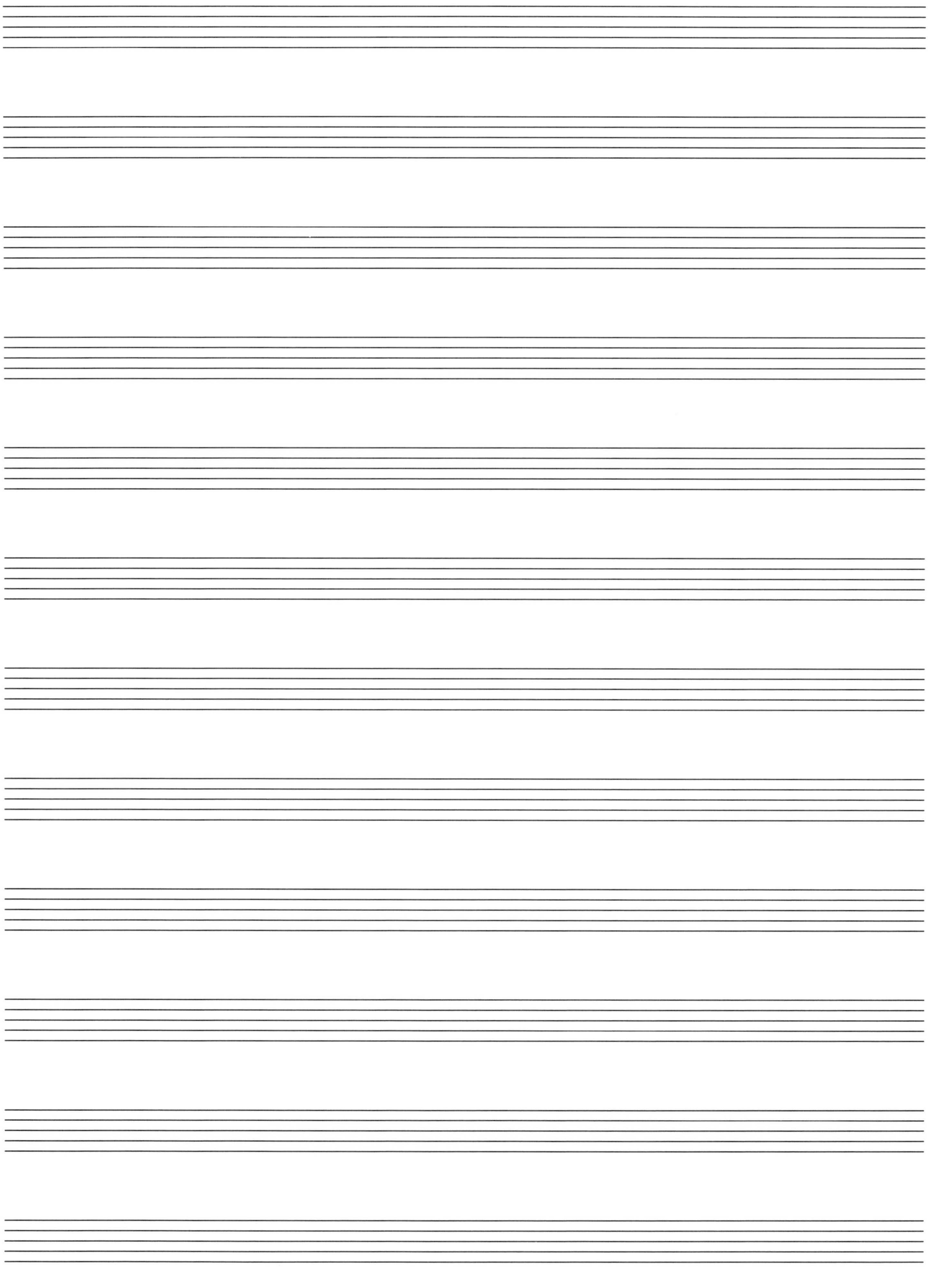

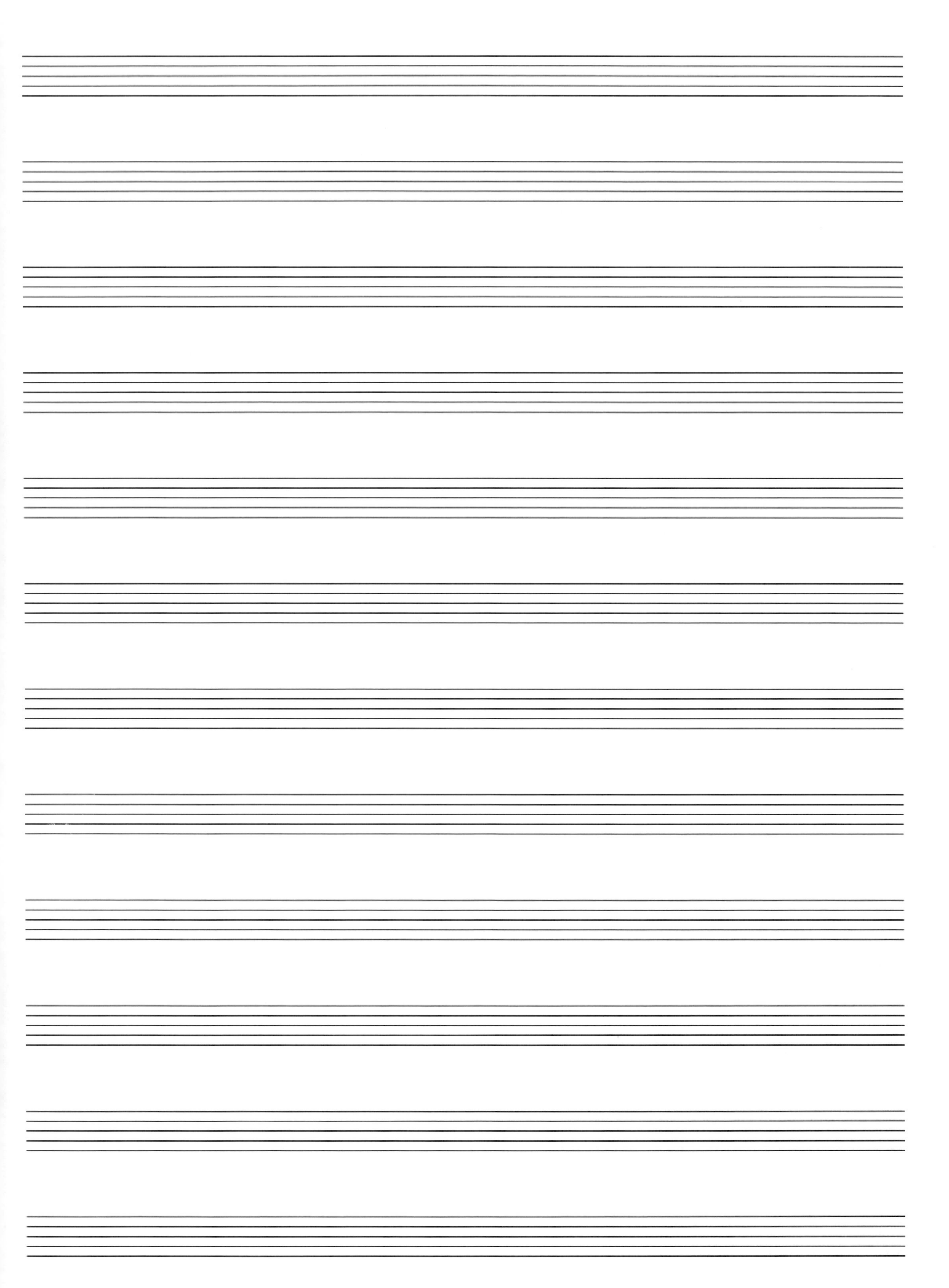

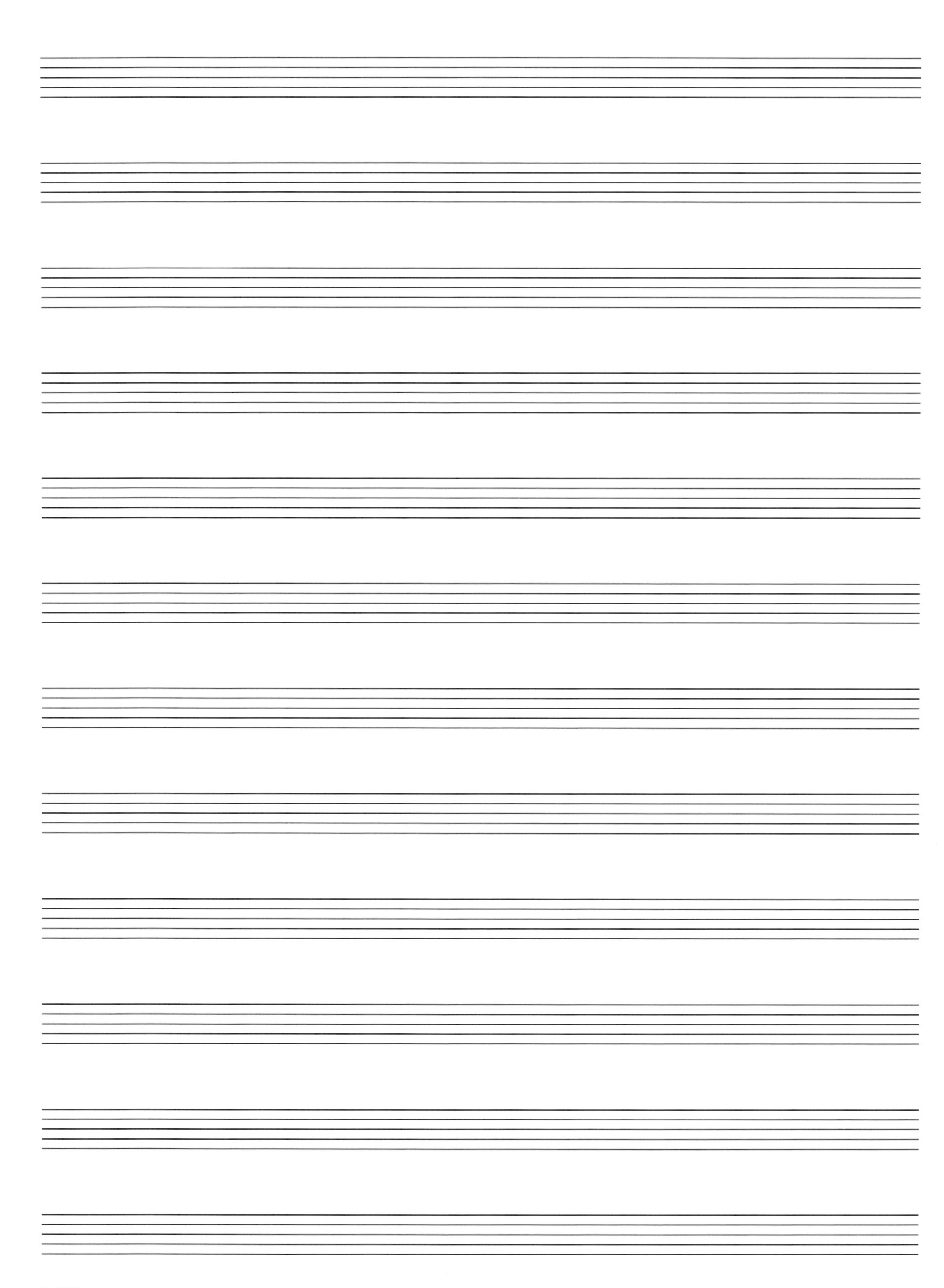

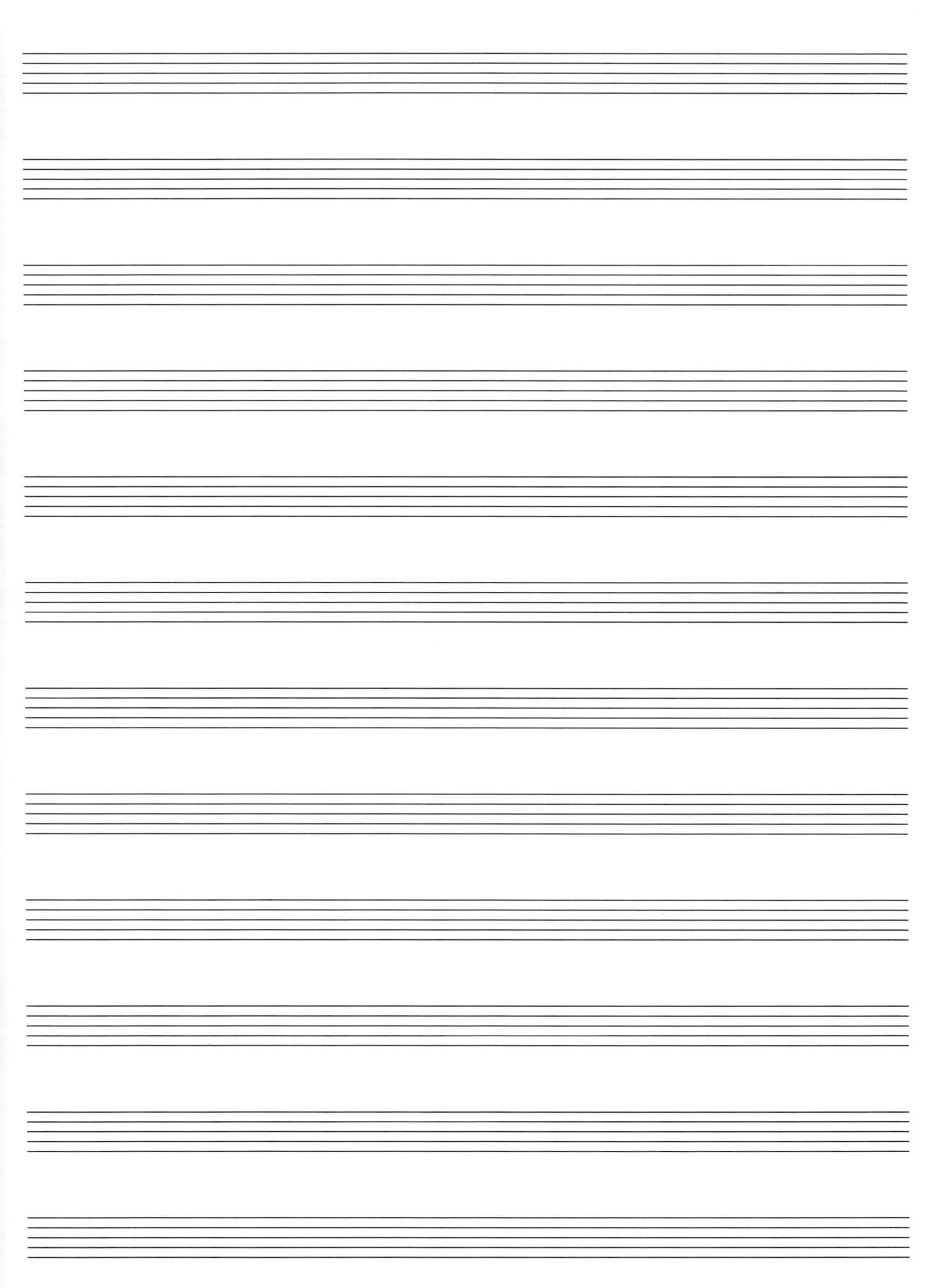

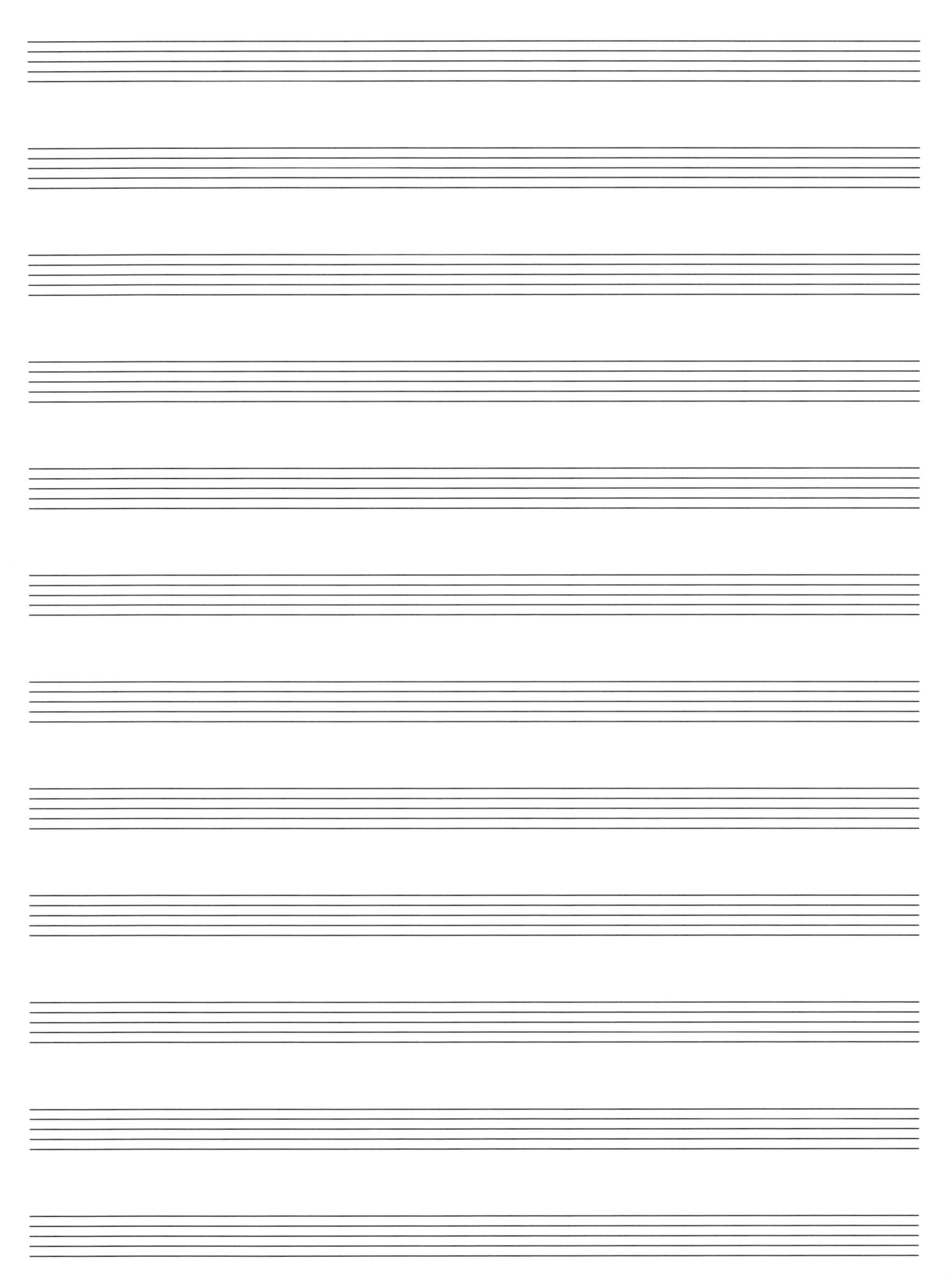

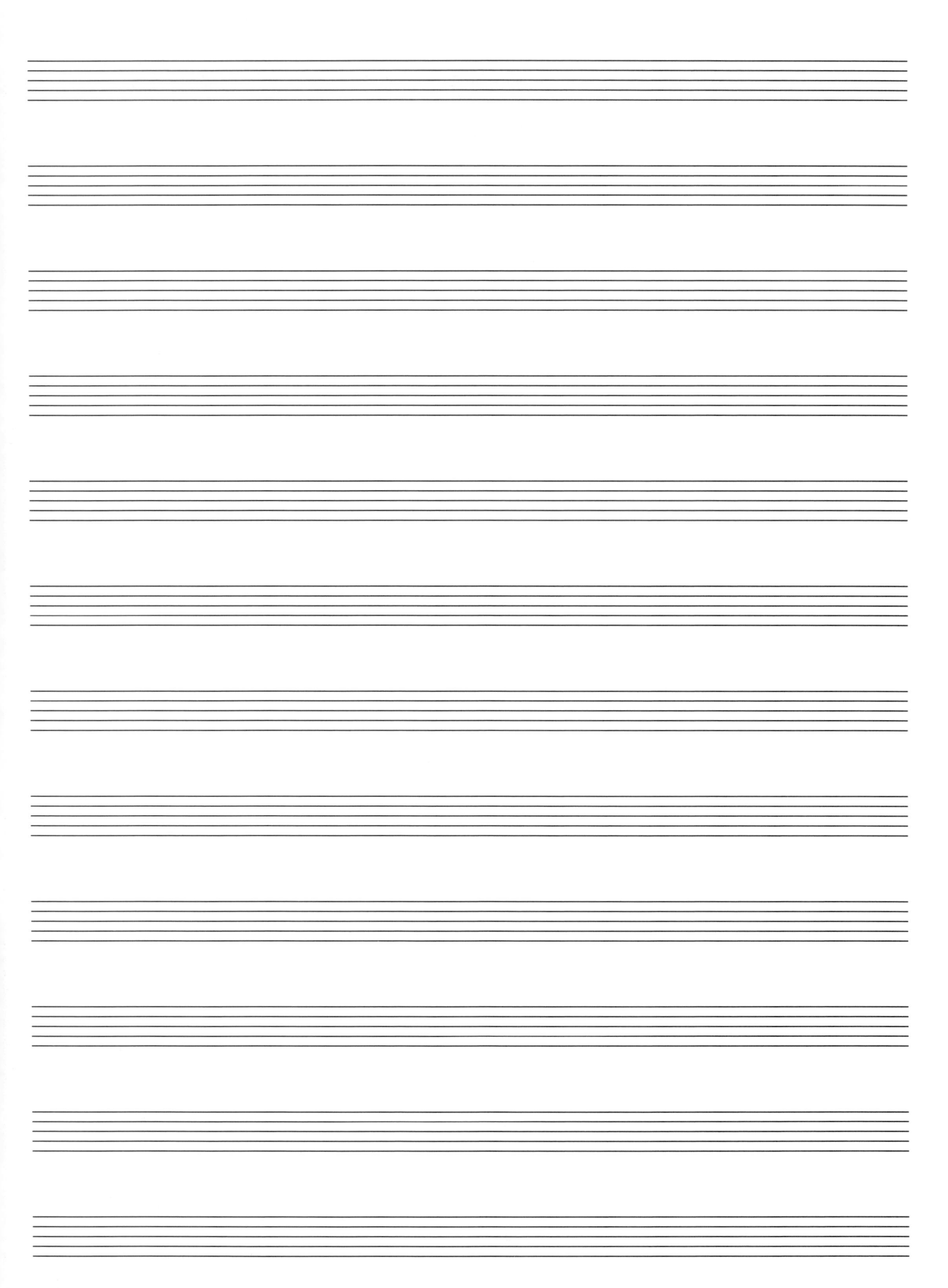

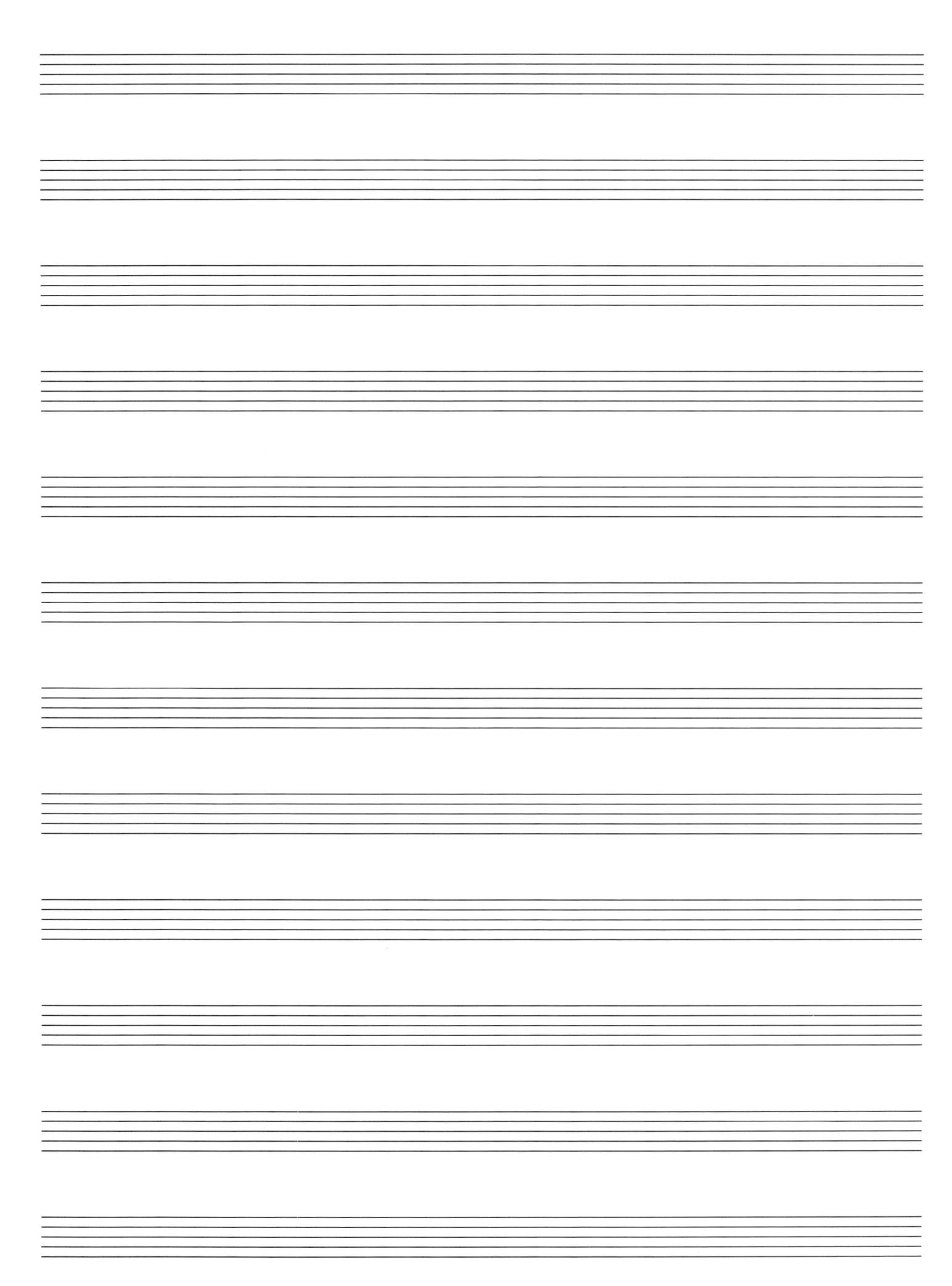

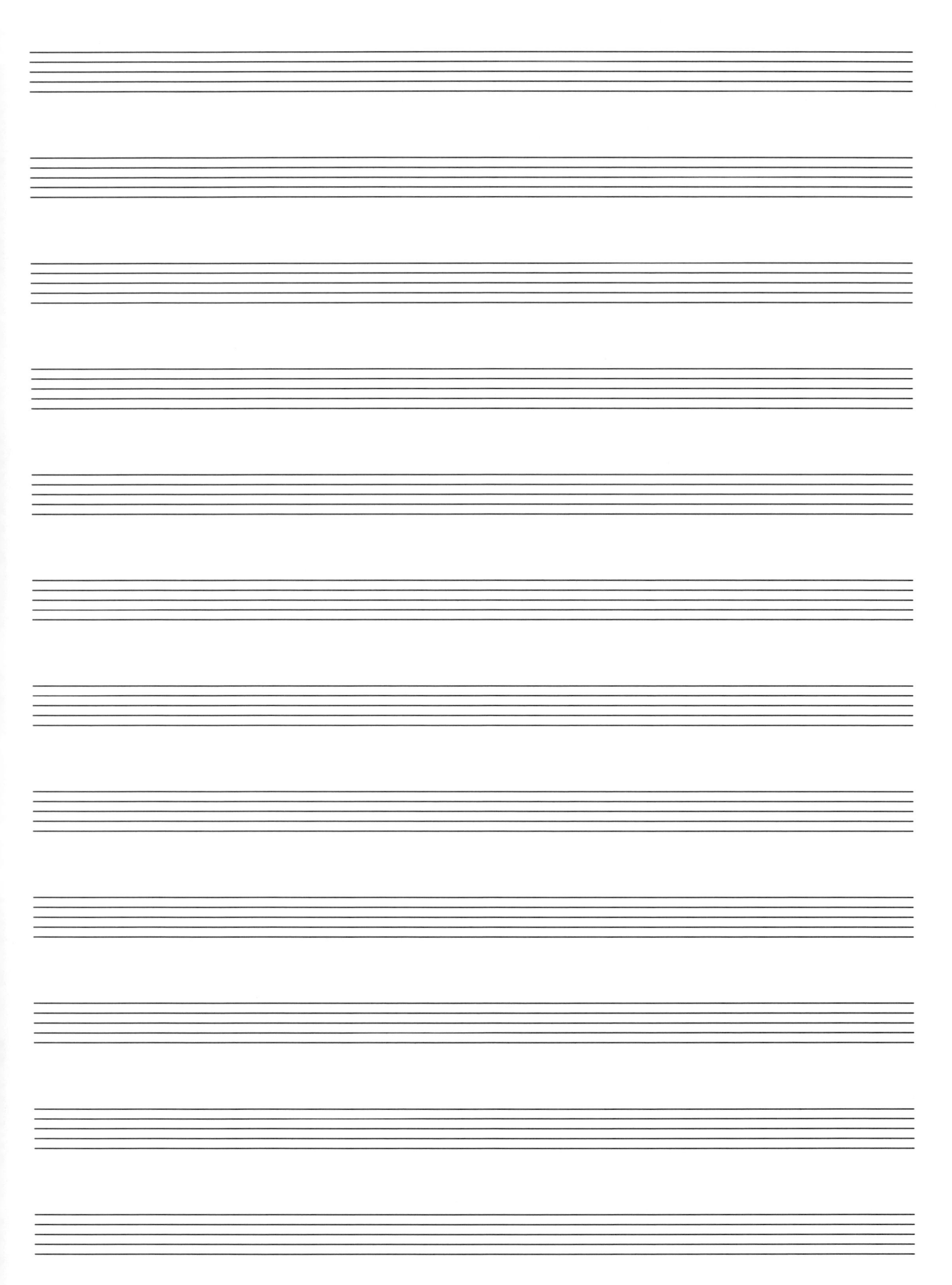

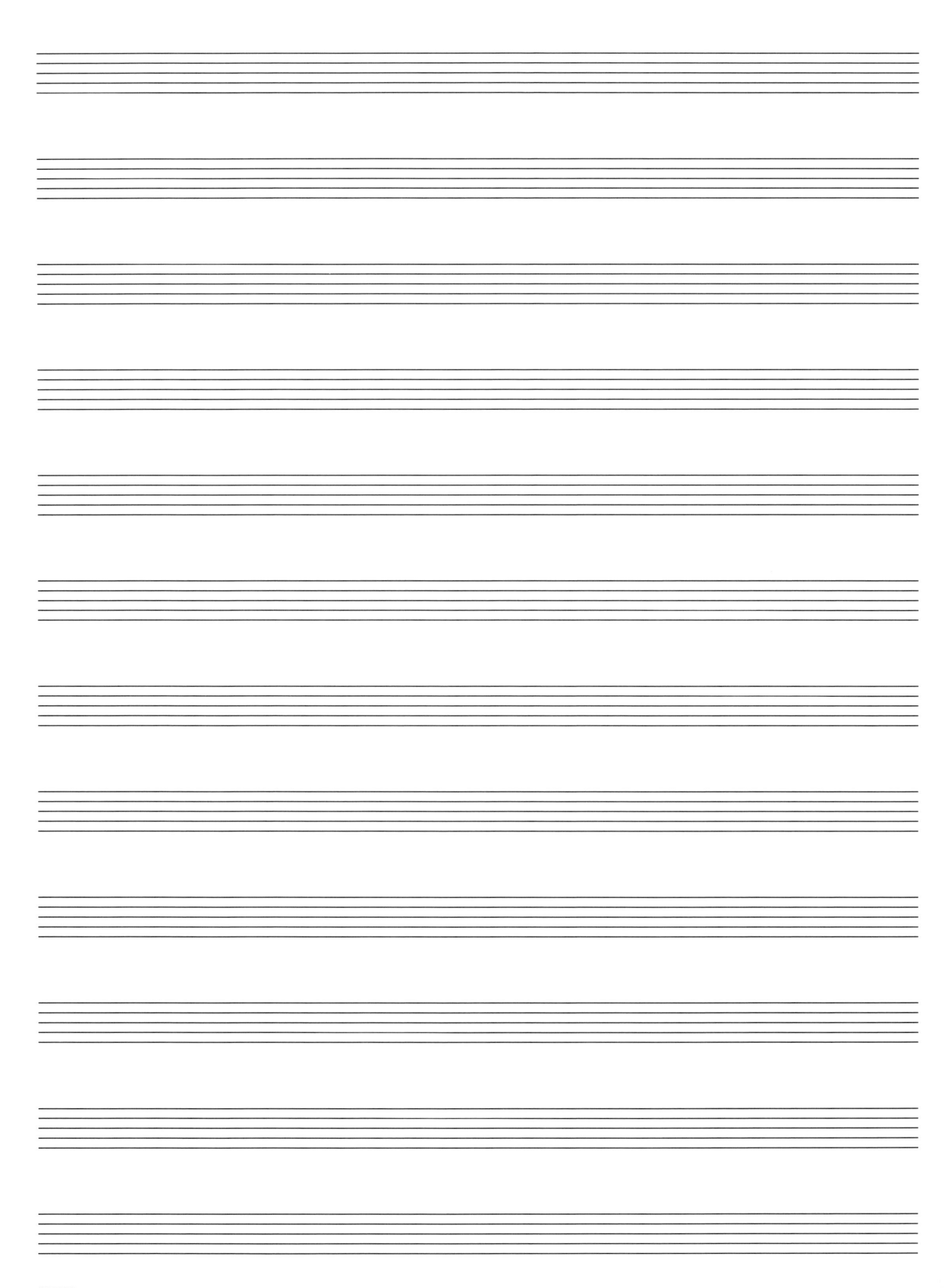

Alfred

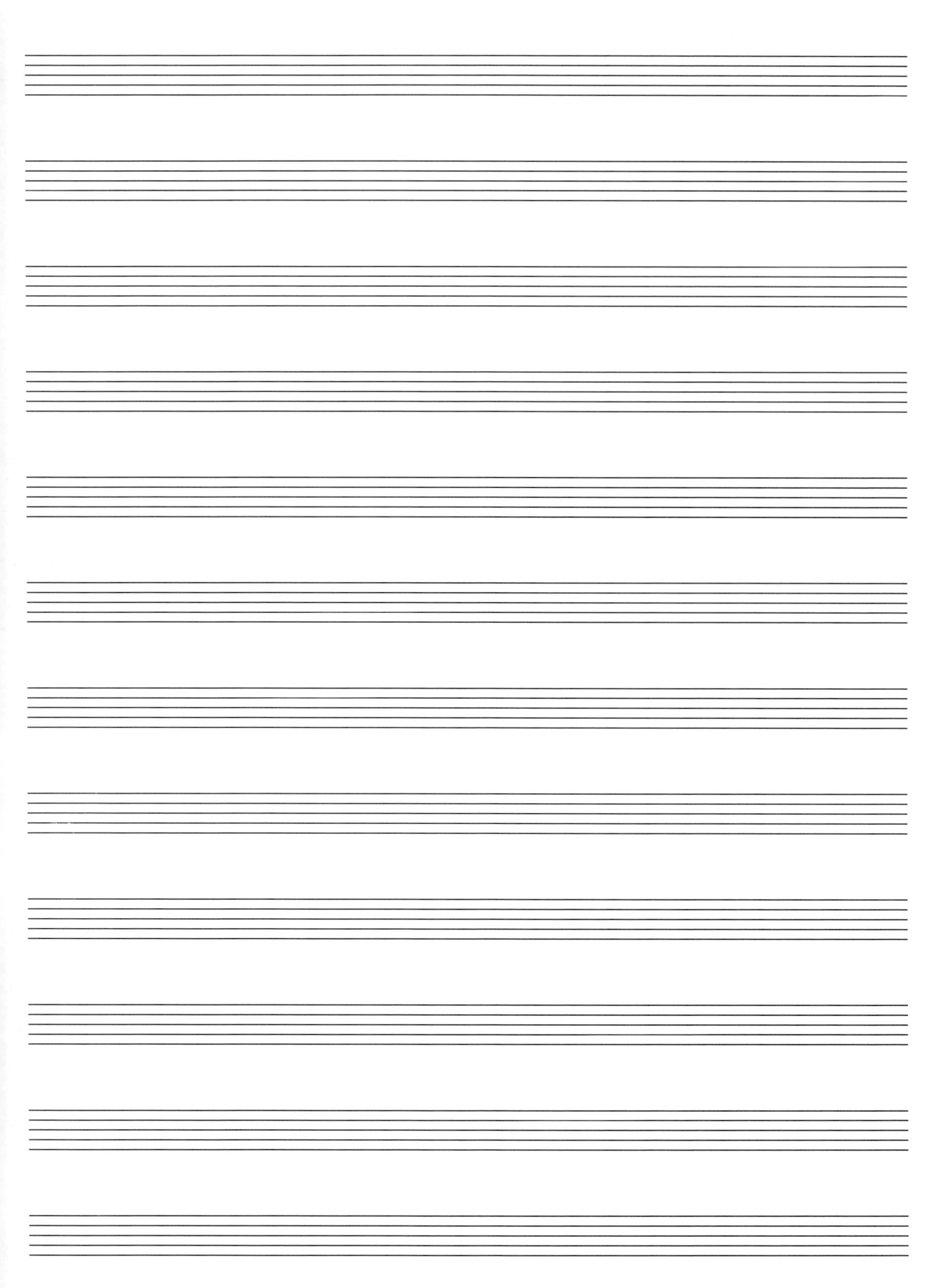

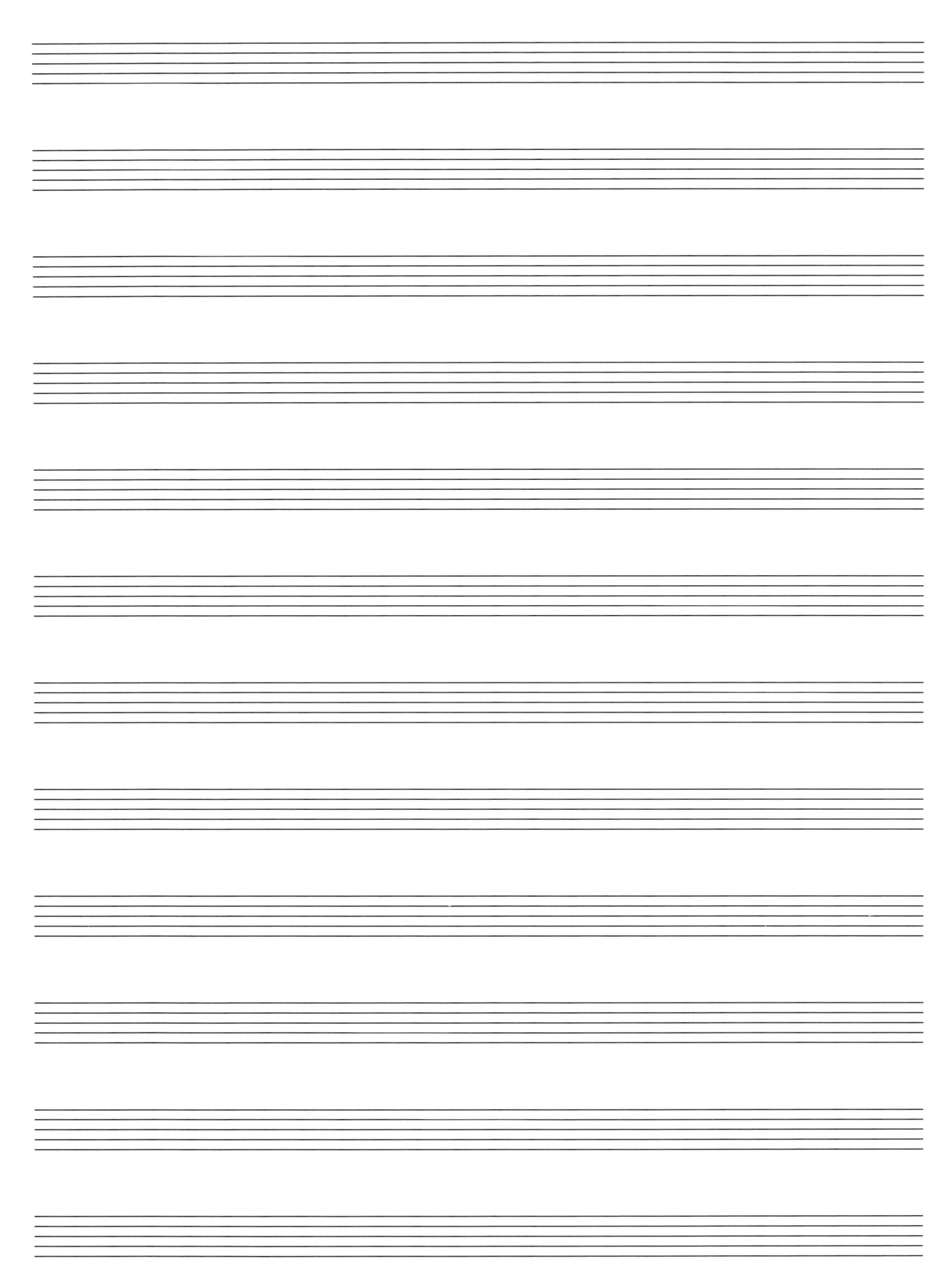

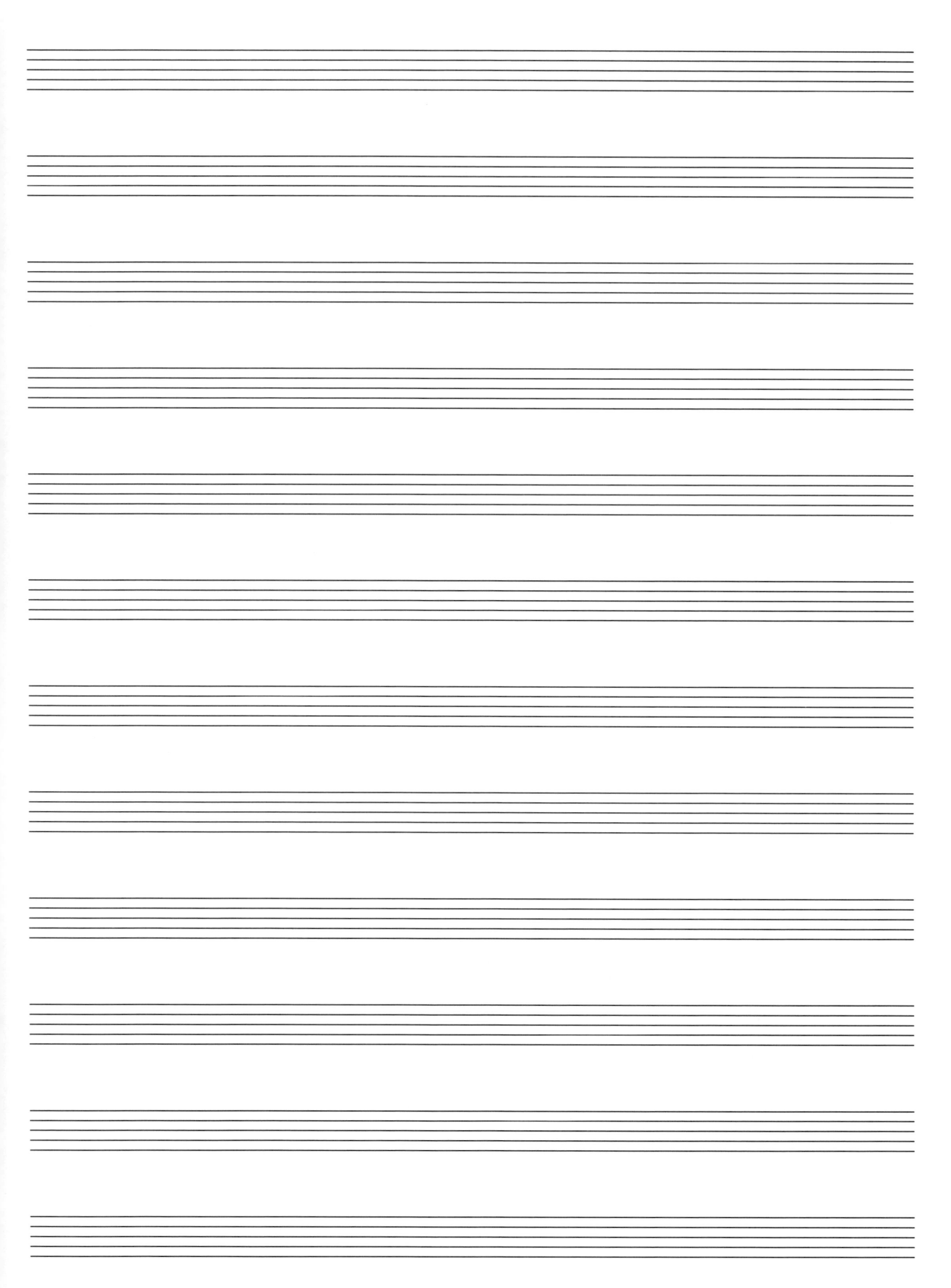

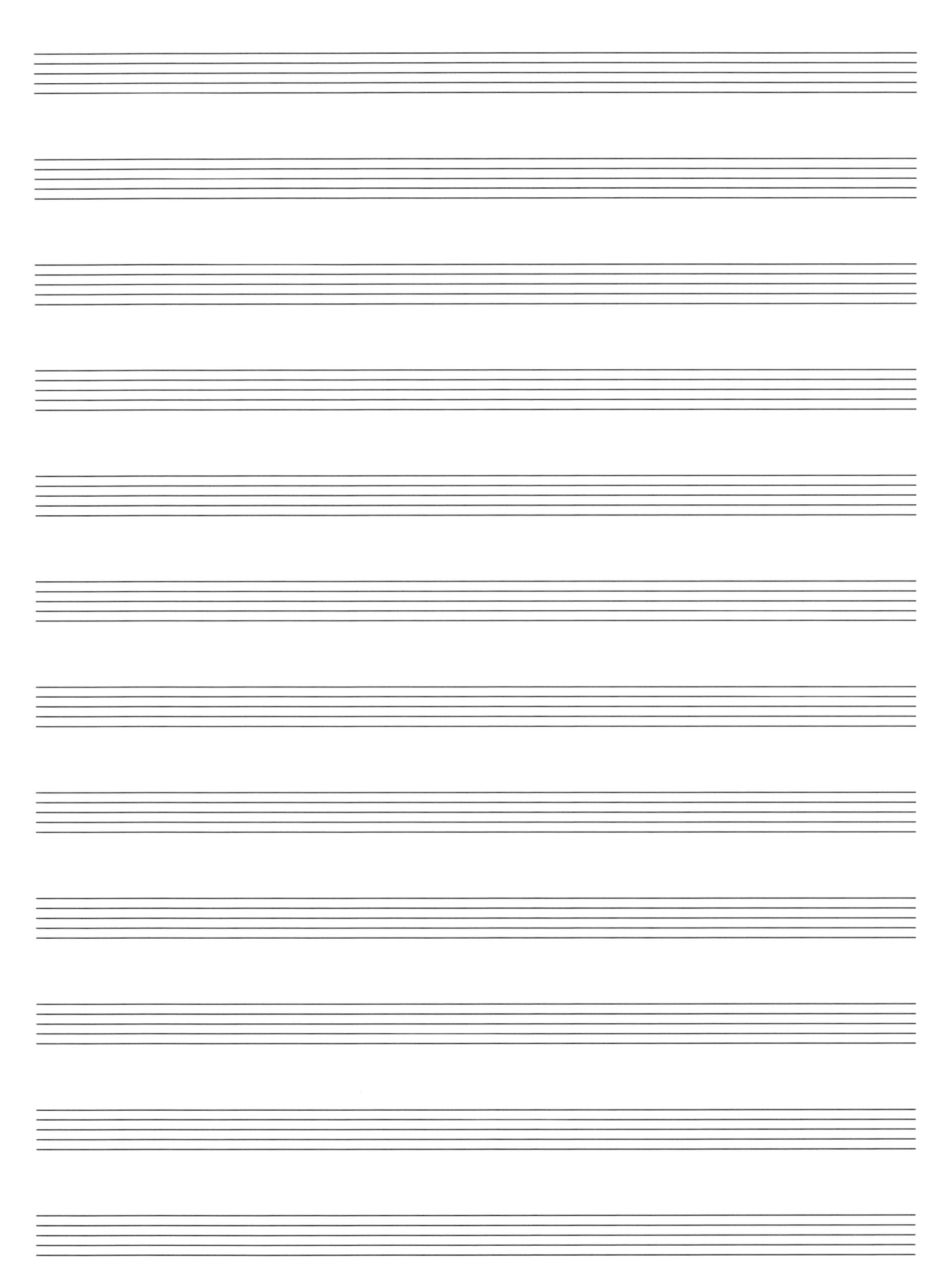

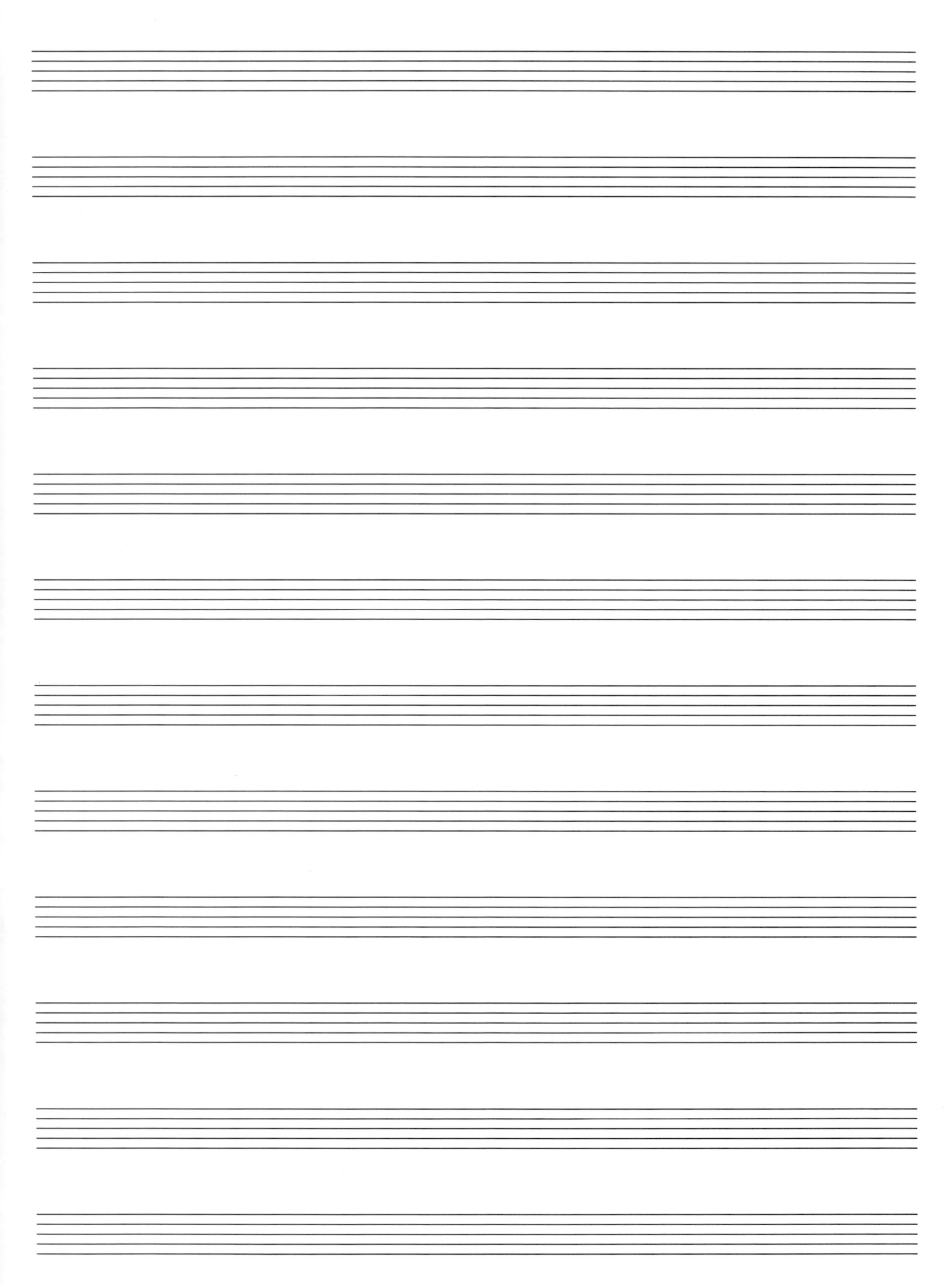

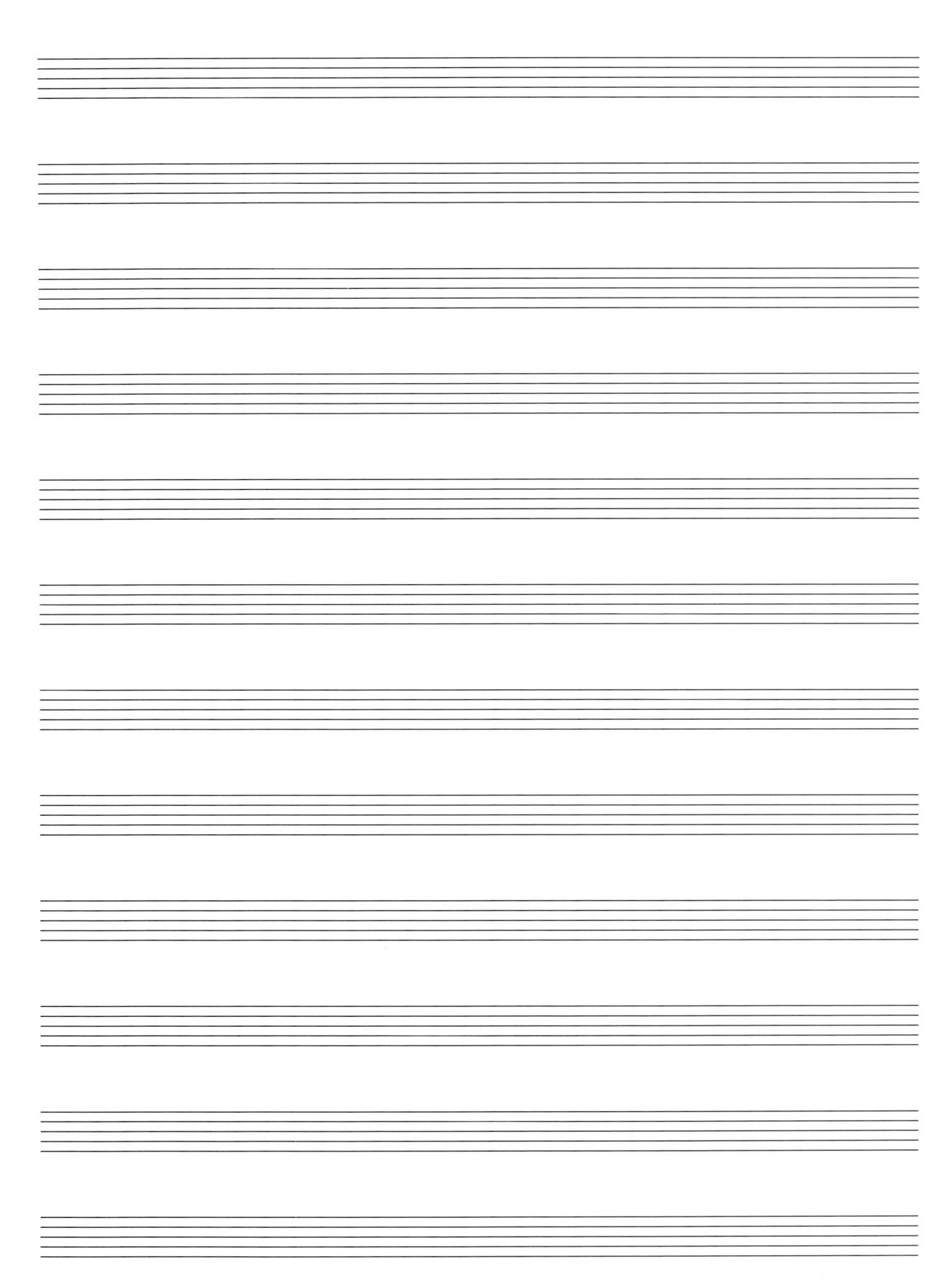

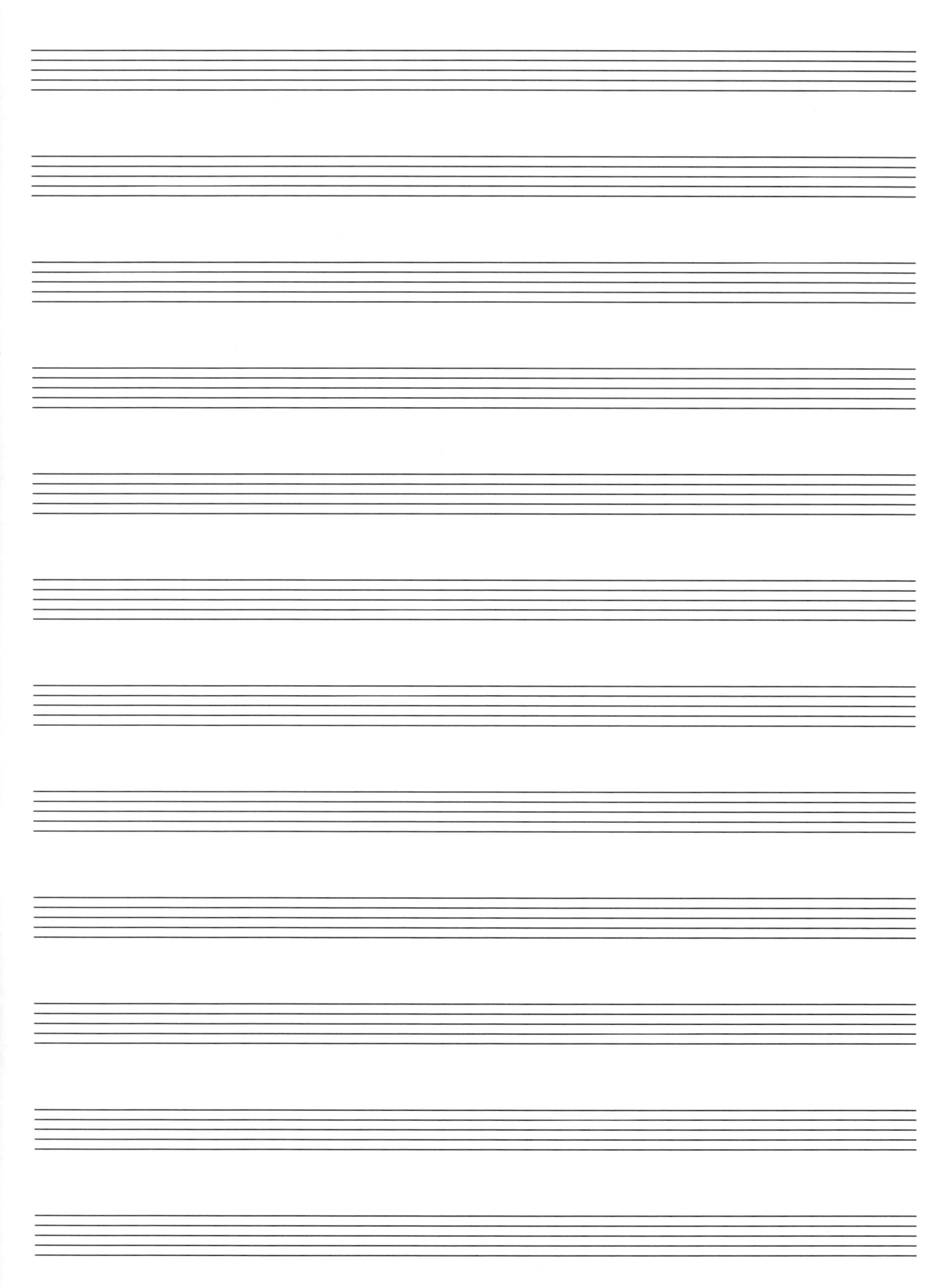

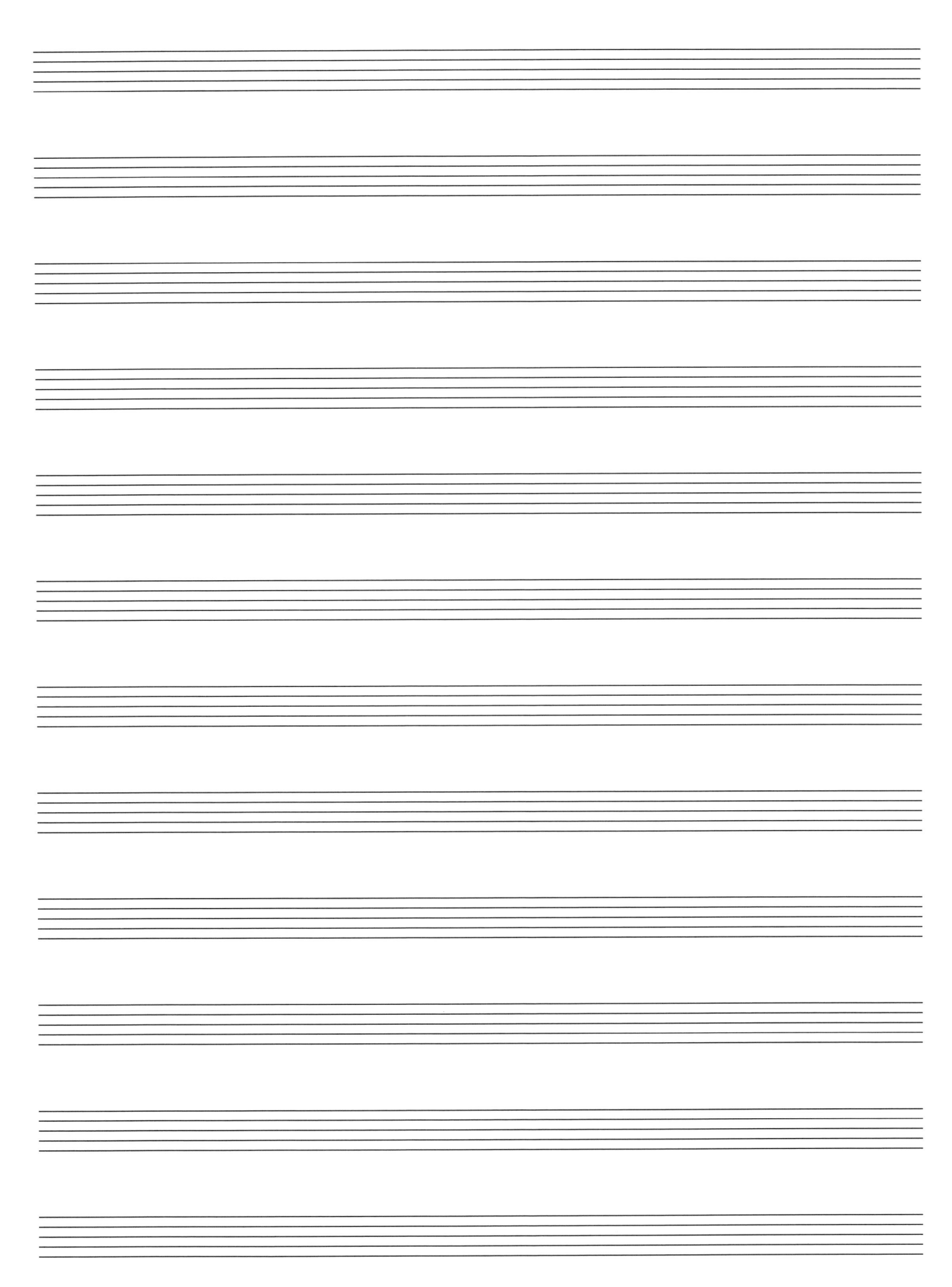

Alfred

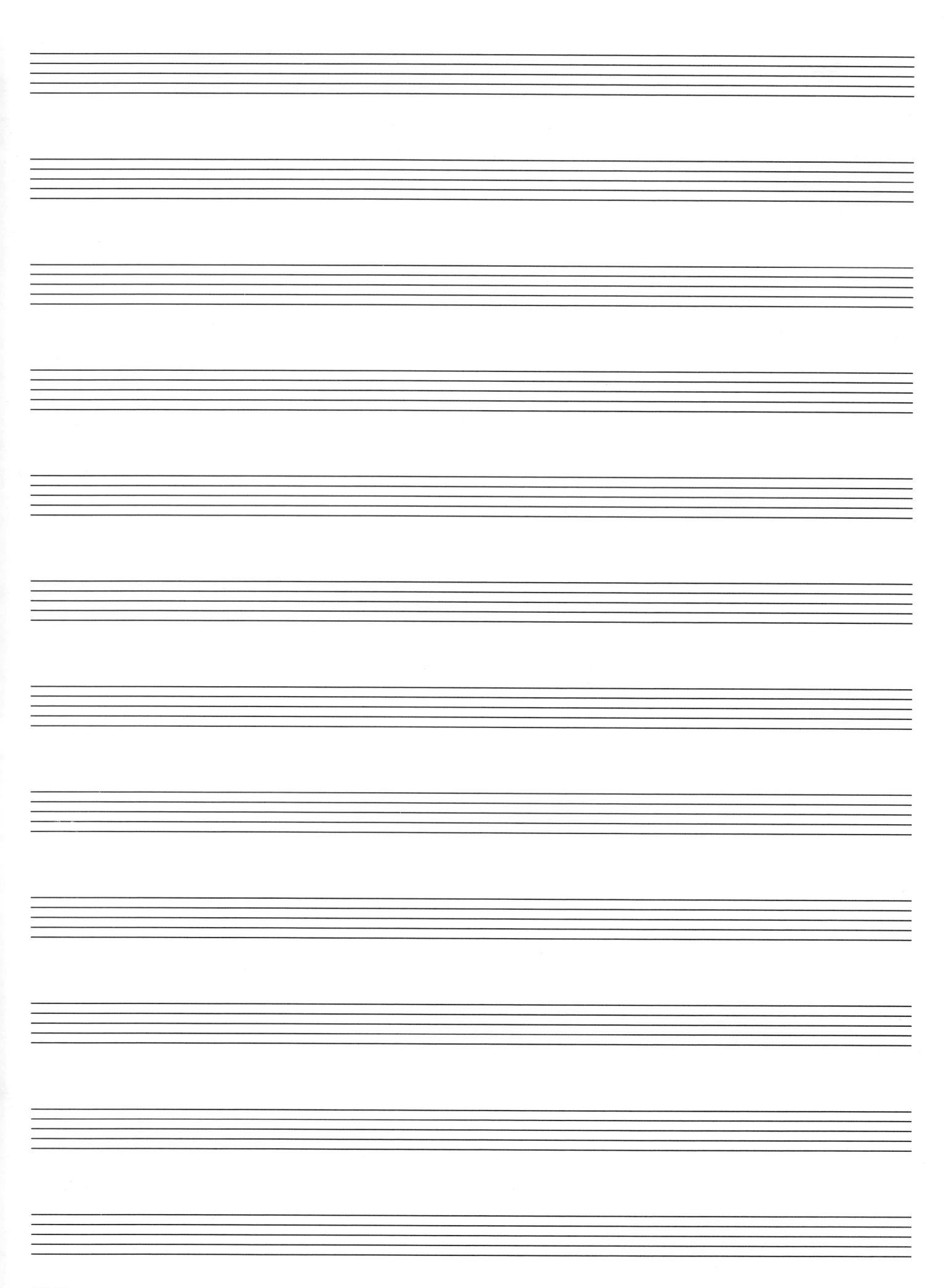